经典今解丛书

《易经》与中国精神

顾易 ◎ 著

广东高等教育出版社
Guangdong Higher Education Press
·广州·

图书在版编目（CIP）数据

《易经》与中国精神 / 顾易著. — 广州：广东高等教育出版社，2022.3
（经典今解丛书）
ISBN 978-7-5361-6986-9

Ⅰ.①易… Ⅱ.①顾… Ⅲ.①《周易》-研究 Ⅳ.①B221.5

中国版本图书馆CIP数据核字（2021）第043899号

《易经》与中国精神
《YIJING》YU ZHONGGUO JINGSHEN

顾 易 著

出版发行	广东高等教育出版社
	地址：广州市天河区林和西横路
	邮编：510500　营销电话：（020）87553335
	http://www.gdgjs.com.cn
排　版	书窗设计
印　刷	广东鹏腾宇文化创新有限公司
开　本	850 mm×1 168 mm　1/32
印　张	7.25
字　数	102千
版　次	2022年3月第1版
印　次	2022年3月第1次印刷
定　价	42.00元

（版权所有，翻印必究）

总 序

中华优秀传统文化历史悠久，博大精深，魅力无穷，是中华民族的"根"、中华民族的"魂"，是中华文化自信的源头、活水，也是中华民族的力量所在。

中华优秀传统文化是人类共有的精神财富，具有普遍意义。正如习近平总书记所说，中华优秀传统文化，"智慧光芒穿透历史，思想价值跨越时空，历久弥新，成为人类共有的精神财富"。

当下，有些人对中华传统文化的理解，大多局限于"中国结""功夫""舌尖""手艺"等符号化、浅表性的平面维度上，缺乏对其精神内核、价值理念、道德思想和审美情趣的研究和学习，其实，这些才是中华优秀传统文化最宝贵、最核心的内容。而这些宝贵的精神思想和审美理念，蕴含于中华经典之中。

中华经典是中华优秀传统文化的"精华",它是超越时空、超越国界的,以至能够回应当代人的生活之问。学习中华经典也是一个人寻求自我完善的最佳途径。唐朝宰相魏徵认为,经籍是圣贤智慧的结晶,可以用来领悟宇宙的奥妙,探究天地、阴阳的消息,端正世间的纲纪,弘扬人类的道德。一句话,中华经典可以使人拥有自由的头脑、独立的思考、丰富的心灵、高贵的灵魂、高超的智慧和审美的能力,是对真善美的关注和追求。可以说,读懂、读通几部经典可以受益一辈子。《易经》《论语》《道德经》《说文解字》《礼记》等书,过去虽然读过,但随着人生阅历的增长,又有新的感悟,这就是经典的魅力所在,让人温故知新,常读常新,加上这次是带着思考去读,广泛地涉猎各种版本,进行比较、审读,加以新的概括,收获就更大了。

然而,经典毕竟是几千年前的产物,随着时代的进步,有的内涵发生了变化,这就不能"食古不化",而应在中华文化优秀基因的基础上,赋予其新的内涵并加以丰富和发展。这就需要进行"经典今解"。这个"今解",也是"新解",就是习近平总书记指出的进行"创造性转化、创新性发展",具体来说:一是选择新的视角。经典的内涵是丰富的,全面的学习是一个基础。在此基础上,要观照当下,紧扣当今人们的精神呼唤,直面新需求、新问题,用新的视角去解读、去体悟,从中获得新的答案。二是实现新的转化。中华经典是历史的产物,时代的发展必然有新的语境、新的要求,为此,在转化中要"不忘本来",不忘中华优秀传统文化的根脉,注入时代精神,赋予新的内涵,焕发其生机和活力;要"吸收外来",以开放的心态,接纳世界优秀的文化,取长补短,博采众长,既不自卑,也不自大;"面向未来",着眼于造福子孙万代和永续发展,为未来的发展厚实根基,提供不竭的精神动力和力量源泉。三是致力于超越。经典可以温故知新,思想文化的新发现,科学技术的新发明,为新思想、新观点创造了新条件,这就要在新的时代加以丰富和发展。正是基于以上的认识,我从几年前就开始着手进行了"经典今解"的写作。出版了《读〈易经〉悟为官智慧》《从〈中庸〉看处世智慧》《从〈礼记〉看中华礼仪文化》等八本书，2020年又写作了《〈易经〉与中国精神》《〈论语〉与志愿服务精神》《〈说文解字〉与汉字文化魅力》《〈千金要方〉与医学人文》《〈乐记〉与中国音乐美学》《〈茶经〉与中国茶道》等作品。

中华经典解读的书籍可以说是汗牛充栋，数不胜数。但大多是进行分段的解释、考证。本套"经典今解丛书"有别于其他经典解读的地方在于：一是紧扣中华优秀传统文化的精神标识、道德标识和文化标识。我认为这三个标识集中体现为："天下为公"的社会理想、"天人合一"的生存智慧、"民为邦本"的为政之道、"民富国强"的奋斗目标、"公平正义"的社会法则、"和谐共生"的相处之道、"自强不息"的奋斗精神、"精忠报国"的爱国情怀、"革故鼎新"的创新意识、"中庸之道"的行为方式、"经世致用"的处世方法、"居安思危"的忧患意识、"威武不屈"的民族气节、"唯物辩证"的思维方式、"仁者爱人"的道德良心、"孝老爱亲"的家庭伦理、"敬业求精"的职业操守、"谦和好礼"的君子风度、"包容会通"的宽广胸怀、"诗书礼乐"

的情感表达。这些精神和思想，跨越时空，超越国度，富有永恒魅力，仍然具有当代价值。为此，解读不面面俱到，集中从某一个侧面，选择一个主题进行解读。二是观照当下。结合当代人的现实生活，从古鉴今，增强针对性，指导生活，学以致用，活学活用。三是力求通俗易懂。经典大多比较深奥难懂，为此，必须用现代的话语进行讲解，用讲故事的方法来阐述道理，同时，选择"讲座"的形式也是一种通俗解读的方法。

"经典今解丛书"的写作，让我再一次重温经典，对我来说是一次再学习。我不仅从中增长了知识，更为重要的是心灵的修炼，虽然辛苦，但又乐在其中。由于自己的能力、水平有限，本丛书一定存在一些缺陷和不足，期待得到读者的指正。

是为序。

作者于广州

2021年9月

《易经》与中国精神

绪 论 / 001

第一讲　"天人合一"的和合精神 / 009

　　一、"天人合一"和合精神源于《易经》/ 012

　　二、"天人合一"和合精神的核心内容是"合"于"一" / 025

　　三、"天人合一"的实现途径在于"和"与"合" / 032

第二讲　"自强不息"的奋斗精神 / 053

　　一、"自强不息"的奋斗精神来自《易经》的"乾"卦 / 056

　　二、"自强不息"的奋斗精神是中华民族生生不息的精神力量 / 058

　　三、"自强不息"的奋斗精神体现在自强和不懈努力 / 072

第三讲 "厚德载物"的包容精神 / 093

一、"厚德载物"的包容精神来自《易经》的"坤"卦 / 098

二、"厚德载物"的包容精神是中华民族宽广的道德情怀 / 100

三、"厚德载物"的包容精神是君子人格的道德风范 / 105

四、效法大地之德，塑造人的道德品质和情操 / 108

第四讲 "天下为公"的奉献精神 / 123

一、"天下为公"的奉献精神源于《易经》的"同人"卦 / 125

二、"天下为公"的核心精神在于"奉献" / 132

三、把"天下为公"的奉献精神落实在现实生活之中 / 145

第五讲 "居安思危"的忧患精神 / 155

一、《易经》,一部忧患之书 / 157

二、"居安思危"的忧患精神是战胜前进道路上险阻的法宝 / 167

三、弘扬"居安思危"的忧患精神,让基业常青,长治久安 / 173

第六讲 "革故鼎新"的创新精神 / 193

一、"革故鼎新"的创新精神是"顺天应人"之大德 / 195

二、"革故鼎新"的创新精神是中华文明活力之源 / 202

三、弘扬"革故鼎新"的创新精神关键在于超越自我和自我革命 / 208

参考文献 / 220

绪 论

　　一个国家的强大要有经济实力、科技实力、军事实力等，但仅有这些是不够的，还要有精神实力，即国家精神，这种国家精神也就是中华民族精神。我国经过40多年的改革开放，创造了许多"中国奇迹"，有的甚至是"世界奇迹"，如高速铁路、北斗卫星导航系统、神舟飞船、跨海大桥等超级工程。但我们在精神领域却出现了一些令人忧心的现象：

　　一是一些国人的精神境界在"矮化"。"娱乐明星"一度成为一些青少年的偶像。"追星"体现了人们的追求，反映人们学习的榜样和模仿的对象。在"荧屏"中充斥的是低俗、庸俗的"选秀"节目，"油头粉面"的所谓"明星"成为青少年心中的偶像，而科学家、英雄人物不但不受到崇拜，甚至出现污蔑、丑化英雄的现象。假如青少年一代丧失了理想，丧失了阳刚之气，丧失了时代精神和民族气节，其结果将是一个民族的悲哀。这正是西方"和平演变"中国、"奶头战略"的图谋在现实中的表现，任其下去，西方"不战而胜"的图谋必将成为现实。这种精神的"缺钙""矮化"是中国近代落后挨打给我们留下的血的教训。

二是一些国人的精神深处的"奴化"。这种"奴性"现象由来已久，在日常生活中比比皆是。如热衷于过"洋节"，对"情人节""圣诞节"趋之若鹜；起"洋名"成为时尚，有的人本来有一个好听的中文名字，却非要起一个英文名字；还有的人言必称西方，西方的一切都比我们的好，"西方的月亮比中国的圆"。一些所谓"公知"，崇拜西方的学术理论、政治制度，认为西方一切皆好，中国一切皆坏，拼命地赞美西方，表现了令人恶心的"奴才相"，这种人发展下去必然是"汉奸"无疑。

三是一些国人把中国精神"虚化"。前些年曾经出现过学"国学"的热潮。但"国学"的学习内容是什么呢？有的只是单纯地背诵《三字经》《弟子规》等；有的用"历史虚无主义"的态度讲述中国历史，说中国的历史充斥的是厚黑学，是权谋之争。有一些电视节目，热衷于拍摄宫廷里的明争暗斗。还有的人把中国的文化视为"吃"文化，好像中国的文化就是吃、喝、玩、乐。所有这些"舍本逐末"的做法，是捡了芝麻、丢了西瓜。中华传统文化最核心的内容是"道"，即精神、思想；其次才是"术"。离开了大道，必然误入歧途。事实上，文化是精神的载体，而精神是文化的内核。用一个形象的比喻，精神是一个人的"心"，文化则是一个人的"貌"。我们只有透过民族精神，才能真实地看清一个民族的全貌。

习近平总书记提出的弘扬中国精神，是一个具有战略眼光、关系中华民族伟大复兴的大问题。

人，必须有魂魄，这个魂魄就是精、气、神，否则无异于行尸走肉，其生命是不完整的。

习近平总书记指出："人无精神则不立，国无精神则不强。精神是一个民族赖以长久生存的灵魂，唯有精神上达到一定的高度，这个民族才能在历史的洪流中屹立不倒、奋勇向前。"(《习近平谈治国理政》第二卷,《弘扬伟大长征精神,走好今天的长征路》)一个国家仅有经济、科技、军事的硬实力,不足以支撑一个国家的强大,还必须有"软实力",这就是国家精神。

中华民族在五千多年的生存、发展的历史长河中,经历了战乱、瘟疫和各种自然灾害。特别是在近代,中国饱受外国列强的蹂躏和欺凌,可以说历经劫难,苦难深重,但中华民族仍然屹立于世界民族之林,其中一个重要的因素就是精神的力量。

中华文明源远流长,博大精深,积淀深沉的精神追求,形成独特的精神标志,成为中华民族生生不息、永固发展的丰厚滋养,成为中华民族的力量源泉,成为兴国之魂、强国之魄。我们坚守中国优秀传统文化的"根",这就是中国精神。

2014年9月24日,习近平总书记在纪念孔子诞辰2 565周年国际学术研讨会暨国际儒学联合会第五届会员大会开幕式上,首次对中华传统文化思想精粹做了系统的概括,指出:"中国优秀传统文化中蕴藏着解决当代人类面临的难题的重要启示，比如，关于道法自然、天人合一的思想，关于天下为公、大同世界的思想，关于自强不息、厚德载物的思想，关于以民为本、安民富民乐民的思想，关于为政以德、政者正也的思想，关于苟日新日日新又日新、革故鼎新、与时俱进的思想，关于脚踏实地、实事求是的思想，关于经世致用、知行合一、躬行实践的思想，关于集思广益、博施众利、群策群力的思想，关于仁者爱人、以德立人的思想，关于以诚待人、讲信修睦的思想，关于清廉从政、勤勉奉公的思想，关于俭约自守、力戒奢华的思想，关于中和、泰和、求同存异、和而不同、和谐相处的思想，关于安不忘危、存不忘亡、治不忘乱、居安思危的思想，等等。"习近平总书记在这里概括的十五个思想，包涵着中国精神、中国价值和中国道德。

习近平总书记对中国精神的鲜明表述发表在十二届全国人大一次会议闭幕会上。他指出："实现中国梦必须弘扬中国精神。这就是以爱国主义为核心的民族精神，以改革创新为核心的时代精神。这种精神是凝心聚力的兴国之魂、强国之魂。"

2019年9月30日，习近平总书记在庆祝中华人民共和国成立70周年招待会上发表重要讲话时指出，用中国精神激发中国力量，动员全体中华儿女共同创造中华民族新的伟业。

今天，我们正处在一个急剧变革的时代，正经历着广泛而深刻的社会变革，肩负着中华民族伟大复兴的重任，对全体国民来说，弘扬中国精神显得尤为重要和紧迫。

中国精神是中华优秀传统文化的"内核"，标志着中华民族的精神境界，也包含着中华民族共同的信仰、信念和价值追求，是中华儿女共有的精神家园，是共同的价值认同，是强大的精神动力。

那么，什么是中国精神，其主要内涵是什么？其实，中华经典《易经》早就做了精辟的概括。中国传统文化的基本结构是"一源三流"，"一源"就是《易经》，"三流"分别是儒家、道家、佛家。《易经》中概括的核心精神是中国精神的源头，经过历代思想家的丰富和发展，逐步形成了独特的精神标识，特别是近代以来，中国共产党领导中国人民在反帝反封建的斗争中，在社会主义现代化建设的实践中，继承和发扬了中华优秀传统文化，创造和发展了红色革命文化，形成了以爱国主义为核心的民族精神和以改革创新为核心的时代精神，这一精神成为一个民族奋发向上的动力之源，成为凝聚人心的思想之基。因此，本书选择了《易经》的六个"卦"，对中国精神的内涵进行深入的解读。

《女娲补天》 金水 画

第一讲 「天人合一」的和合精神

"天人合一"的和合精神，是中国古代先贤对天道与人道、自然与人类之间的关系的认知，强调人与自然的和谐统一，主观能动性与客观规律性的协调融合，是中国古代先贤对人类的思考文化的重大贡献。

钱穆先生在《天人合一论》中说："'天人合一'论，是中国文化对人类最大的贡献。"还说："以过去世界文化之兴衰大略言之，西方文化一衰则不易兴，而中国文化则屡仆屡起，故能绵延数千年不断。这说明，因于中国传统文化精神，自古以来即能注意到不违背天，不违背自然，且又能与天命自然融合一体。"钱穆先生认为，中国人把"天"与"人"和合起来，而不像西方人那样把"天"与"人"分开、对立起来。他认为这个思想是中国传统文化的核心理念，是中国人科学的思维方式，是中国文化对人类未来生存、发展的贡献。

法国哲学家施韦兹则盛赞"天人合一"是"奇迹般深刻的直觉思维",体现了人类最高的生存智慧,是"最丰富和无所不包的哲学"。

人类进入21世纪,随着经济的全球化和科技的进步,人类的物质生活变得日益丰富,但随之而来的生态环境问题、资源约束和社会冲突问题也日益突出,生态环境治理的压力加大,资源因无序的开采而日趋枯竭,出现了生态和能源的危机;同时,人类由于物质欲望的膨胀,社会竞争的加剧,生活节奏的加快,出现了精神的空虚和心理的焦虑。于是,人们开始追问、思考、探求人类社会的发展向何处去,反思我们的价值取向,寻找科学的发展模式。在这一反思过程中,中国传统文化中"天人合一"的和合精神日益受到了人们的关注并得到人们的认可。

那么,"天人合一"的和合精神是如何产生的?其主要根据是什么?主要内涵是什么?今天我们如何继承和弘扬"天人合一"的和合精神?下面,我们从《易经》寻找答案。

一、"天人合一"和合精神源于《易经》

《易经》是最早阐述"天人合一"和合精神的经典,这一精神是《易经》庞大理论体系的基础,其六十四卦及内涵都是由此派生出来的。"天人合一"的和合精神萌芽于《易经》。

(一)《易经》认为天道、地道、人道是相互贯通的

人类的生存和发展,碰到的第一个问题是人与自然的关系。天与地是人类生存的空间,是人类赖以生存的环境和依归。人类对待自然的态度、认知、行为,决定了人类的走向和未来。《易经》是最早揭示人与自然的关系的经典作品。

首先,《易经》认为"天"是"太阳",是原始的能量,太阳的阳刚之气是万物生长之源。《象辞上传·乾卦第一》:"大哉乾元,万物资始,乃统天。云行雨施,品物流形。大明始终,六位时成,时乘六龙以御天。乾道变化,各正性命,保合太和,乃利贞。首出庶物,万国咸宁。"

《易经》在这里赞美天的伟大,说:"伟大呵,

《乾》的阳刚之气！万物都从这里开始，它统领着大自然。云在天上运行，雨往地下降落，使万物化成各种形态。太阳东升西落循环不已，犹如六爻所显示的四季形成，就像依循时序乘着六龙去驾驭天体的运行。大自然的更替变化，使万物各自安顿本性与命运，保持着自然和谐的状态，这就是卦辞所说的'利贞'。它创生万物，使天下都稳定安宁。"

《苏武牧羊》　古锦其　画

《易经》认为阳气是万物之始,故称为"元",它能使万物变化而千姿百态,故也称为"享"。人也是万物中的一员,所以天是人的生命之源。

《易传·系辞上传》:"在天成象,在地成形,变化见矣。是故刚柔相摩,八卦相荡。鼓之以雷霆,润之以风雨。日月运行,一寒一暑。"

《礼记》也有类似的说法:"地气上齐,天气下降,阴阳相摩,天地相荡,鼓之以雷霆,奋之以风雨,动之以四时,暖之以日月,而百化兴焉。"

古人认为,万物皆生于气,地气下降为浊、为地,天气上升为清、为天,天地之间阴阳交合,四时交替运行,而万物兴旺生长。这就是说,天不但是我们赖以生存的环境,也是人的生命的源头。

其次,《易经》认为天地阴阳运行之道,也是人类社会发展之道。郑玄《易赞》《易论》说:"易含三义:简易一也,变易二也,不易三也。"东汉魏伯阳《周易同契》曰:"日月为易,刚柔相推。"易为阴阳之道,易者,日月运行规律和人道准则。易的小篆从日、从月,日为太阳,月为月亮。日月运行,按照运行的轨道运行,太阳起于东隅落于桑榆,月亮朔日亏而望日盈，日升月落，昼夜交替，阴阳相推，有序运行，亘古不变。和大自然一样，任何事物都经历了生发、强壮和衰落的过程，人也如此。易者，告诉我们这是规律，是不以人的意志为转移的规律，顺者则昌，逆者则亡。易，阐述了天道规律，地道法则，从而推演出人道准则。

《易经》的基本精神："生生之谓易。""易"表现着宇宙的生化过程和存在方式。

孔子在《易经·系辞上》说："《易》有太极，是生两仪，两仪生四象，四象生八卦。"

"《易》有太极"："太"者大也，"极"者远也。"太极"指天地尚未分开，还是一个浑然一体的气团的那个时期，即混沌时期。

"是生两仪"："两仪"即天地、阴阳。混沌初开，天地分明，由"太极"的混沌时期发展到了"两仪"阶段。

"两仪生四象"："四象"就是四时。乾坤运转，天地变化，阴阳推移，因而产生了春夏秋冬。

"四象生八卦"："四象"在天代表春夏秋冬四时，在地表示东南西北四方，于是产生了八卦。"八卦"代表了天地间八种物质："雷以动之，风以散之，雨以润之，日以煊之，艮以止之，兑以说之，乾以君之，坤以藏之。"

《易经》认为：在太极两仪四象八卦的这一演变过程中，两仪的生成是至关重要的，因为两仪即阴阳，阴阳分则立天地，阴阳二气上下升降，就可造化出万事万物来。人与万物，生于天地之气的交互之中。

再次，《易经》多次论述了天、地、人之间的关系。

《易传·系辞上传》："《易》与天地准，故能弥纶天地之道。仰以观于天文，俯以察于地理，是故知幽明之故。"

"与天地相似，故不违。知周乎万物，而道济天下，故不过。旁行而不流，乐天知命，故不忧。"

意思是说：《易》的道理与天地运行规律是一样的，所以能够普遍包括天地之间的道理。古人仰观天上日月星辰的运动变化规律，俯察山川原野之形态，而创造了《易》，故知阴阳互变的道理。

《易》与天地的道理是一样的，人的思维与行动不能违背它。通晓事物的发展规律，就能用这些道理去治理天下，不会发生失误。广泛实行《易》又不流于形式，既乐于按天理去做，又能掌握自己的命运，就没有什么可忧愁的了。

《易经》认为，天道、地道决定了人道，只要顺应了它，就能事事顺遂，就不会失误，也不会有忧愁。

《易传·系辞下传》："《易》之为书也，广大悉备，有天道焉，有人道焉，有地道焉。兼三才而两之，故六。六者非它也，三才之道也。"

意思是说：《易》这部书，内容广大，无所不包，含有天的道理、人的道理、地的道理。兼顾天、人、地三才，各以两爻表示，所以一卦有六爻。六爻不是别的，它表示的就是三才之道。天、地、人统一于一个卦中。

《说卦传》曰："昔者圣人之作《易》者，将以顺性命之理，是以立天之道，曰阴与阳；立地之道，曰柔与刚；立人之道，曰仁与义。兼三才而两之，故《易》六画而成卦，分阴分阳，迭用柔刚，故《易》六位而成章。"

《易经》在这里指出，古代圣人在创作《易》的时候，顺应天地性命的变化规律，依此创立了天的道理，叫阴和阳；创立了地的道理，叫柔和刚；创立了做人的道理,叫仁和义。兼顾天、地、人三才而参为两爻,所以《易》是由六爻而组成的卦,分别有阴爻和阳爻,重叠使用柔和刚,故《易》是由六爻而形成章法。天有天之道,天之道在于"始万物";地有地之道,地之道在于"生万物";人有人之道,人之道在于"成万物"。天、地、人三者各行其道,但又相互联系,相辅相成。天、地、人是浑然一体的。人要"承天时而行","与天地相似,故不违。知周乎万物,而道济天下"。这就是"顺乎天而应乎人"。

(二)儒家、道家继承和发扬了"天人合一"的和合精神

在中国的文化体系中,不管是儒家,还是道家,虽然对"天"的理解有所不同,但都认同"天人合一"这一理念。

《论语》中记载了孔子关于"天"的对话,有近十次之多,其核心的思想是"天人合德"。具体来说,有如下的思想:

一是要"知天"。《为政篇》:"子曰:吾十有五而志于学,三十而立,四十而不惑,五十而知天

命，六十而耳顺，七十而从心所欲，不逾矩。"孔子把人生划分为六个重要的阶段，其中五十岁能乐知天命，领悟到自己身负历史使命，必须努力地去完成。

二是要"畏天"。《季氏篇》："子曰：君子有三畏：畏天命，畏大人，畏圣人之言。小人不知天命而不畏也，狎大人，侮圣人之言。"孔子在这里指出要敬畏天命，并把畏天命作为君子和小人的一大区别。孔子认为，作为君子是敬畏天赋使命，敬畏身居高位的人，敬畏圣人的言论。而小人则相反，不了解天命而无所敬畏，奉承讨好身居高位的人，轻慢侮辱圣人的话。天命是天对人的要求，必须以敬畏之心去对待，从而延伸到对位尊大德之人的敬畏。又曰："知我者，其天乎！获罪于天，无所祷也。"假如逆天而行，得罪老天，即使祷告也是没有用的。

三是要"顺天"。首先是顺乎时世。《泰伯篇》："子曰：天下有道则见，无道则隐。"孔子的意思是：天下政通人和，就出来做官；天下混乱无道，就隐居起来。孔子认为对时局要有清醒的认识，天下清明，可以有一番作为，而天下混浊，则要独善其身，与其同流合污，不如"大隐隐于市"。其次是顺应天命。孔子在《颜渊篇》中说:"死生有命,富贵在天。"即生死各有命运,富贵由天安排。孔子的得意门生颜渊不幸早逝,孔子悲叹:"天丧予!天丧予!"当天命与人意相违时,孔子也无可奈何,只能感叹"天亡我也!天亡我也!"在天命不可抗拒之时,也只能安心接受。

孔子把"天"看作伦理道德的化身,并把宗法人伦上升为一种天然合理的东西,用"天道"来协调人际关系,从而建立稳定和谐的社会秩序。

"亚圣"孟子继续阐发了"天人合一"的思想,提出了"天人相通"的思想。认为天不仅是自然存在的本体,也是道德、义理等价值存在的本体,天道与人道相贯通。《孟子·尽心上》曰:"尽其心者,知其性也,知其性,则知天矣。""天人合一"在孟子这里更强调的是人性,人性是以天为本的。孟子不仅把道德赋予天理,而且还以道德之天作为人伦道德的根本依据。他说:"诚者,天之道也;思诚者,人之道也。"(《孟子·离娄子》),意思是说,诚是天的本性,而对于诚这一天德的体认,则是人道的根本。为此,他认为人应"尽心、养性、修身",以至

"事天、立命者"。正如《中庸》所说:"今其性"以至"与天地参"。

战国末期著名的思想家荀子,继承和发展了孔孟"天人合一"的思想,在"顺天"的基础上,提出了"用天"。他在《天论》中说:"天行有常,不为尧存,不为桀亡。应之以治则吉,应之以乱则凶。强本而节用,则天不能贫;养备而动时,则天不能病;循道而不贰,则天不能祸。"他认为"天"有其自身的运行规律,这个规律是不以人的意志为转移的,所以,人要知天命,尽天职,善天养,行天政,常怀敬畏之心。正如黑格尔所说:"当人类欢呼对自然的胜利之时,也就是自然对人类惩罚的开始。"过去,我们曾一度漠视自然规律,毁林造田,导致了山体滑坡等自然灾害,这些"逆天而动"的作为,都埋下了后患。荀子认为人在"天"的面前并非无所作为,主张"制天命而用之",这就是在顺天的前提下"用命",这叫兴利除弊,因势利导。荀子强调天人相胜,充分肯定了人的主观能动性,为"人定胜天"的理论和实践开辟了广阔的前景,人类在实践中创造了许多可歌可泣的事迹。如我国的都江堰水利工程,自从秦建成后，一直造福人类。又如用滴灌的办法使沙漠绿化，防止荒漠化。又如改造盐碱地等。荀子的"天人合一"的理论比前人前进了一步。他强调了人的主观能动性和人的创造力，在顺天的同时，也注意用天。

到了汉代，董仲舒又在前人的基础上建立了"天人感应"的完整理论体系。他认为天是"万物之祖"，人是天的副本，人的形体、精神、思想、情感都取决于天。他在《春秋繁露·杨明义》中云："'天'亦有'喜怒之气，哀乐之心，与人相副。以类合之，天人一也'。"他认为天和人可以互相感应。

到了宋代，儒家"天人合一"思想进一步成熟，程颢、程颐进一步发展了孟子和董仲舒的"天人"理论，认为人与天地万物为一体，并且将博爱思想引入其中。

哲学家张载在《正蒙·乾称篇》中明确地提出了"天人合一"的命题，他说："儒者则因明致诚，因诚致明，故天人合一，致学而可以成圣，得天而未始遗人。"他赋予"天"以道德性，认为天是人性，亦是道德仁性之源。人能通过诚明互动，达到性道合

老子画像

一、天人物我一体的境界。后来，人们就用"天人合一"来概括天人之间的相通和合。

道家的创始人老子在论述"天人关系"时也注重"天地人"三者的统一，以究天地人之际为本。老子在《道德经》中说"道生一，一生二，二生三，三生万物"，这是老子勾画的宇宙生成模式。天、地、人和宇宙万物都是由道化生的，都不能离开道而独立存在。道家把天、地、人万物看作是一个整体，在这个整体中，人是一个小宇宙，天地万物是一个大宇宙，即"人身小天地，天地大人身"。人身这个小宇宙也有它的"道""气""阴阳"和"五行"，它与大宇宙、大自然同源、同构、互感。人的生是精、气、神的化生，人的死是精、气、神的衰竭。在老子看来，天、地不存在人为的目的性，都是自然而然的，人们只要在精神上与道保持一致，保持心境的清净、无欲，就能保持精、气、神的初生饱满状态，为此，要"积神生气""积气生精""练精化气""练气化神""练神还虚"，使自我小宇宙的精、气、神与大宇宙的精、气、神相互沟通，这就达到了"天人合一"的状态。

老子还从现实和理想两个层面论述天道与人道的关系。在现实层面上，老子认为"天之道，损有余而补不足。人之道，则不然，损不足以奉有余"，在理想层面上，要放弃一切违背天道的行为，"塞其兑，闭其门；挫其锐，解其纷；和其光，同其尘"，从而达到"彼我意同"的天人合一境界。

庄子继承了老子的思想，在《秋水》中提出了自然"无为"的天道为人道的最高准则，认为："无以人灭天，无以故灭命，无以得徇名。"他认为天与人皆出于道，所谓"天地与我并生，而万物与我为一"

（《庄子·齐物论》）。他告诫人们不要用人事毁灭天然，不要用造作毁天性命，不要因贪婪而求名声，应该谨守这些道理，不违逆，才能恢复天然的本性状态。

在天与人的关系上，道家主张以人合天，人应以自然为师，顺应自然，放弃人为，方可达到"与天合一"的境界。

"天人合一"是中国古代贤哲给全人类留下的宝贵精神财富，是中国文化对人类最大的贡献。"天人合一"就是人与大自然要合一，要和平共处。要实现人与自然的和谐相处，就必须实现人文精神与科学精神的有机统一。和谐则发展，不和谐则变异，这是千古不变的真理。

二、"天人合一"和合精神的核心内容是"合"于"一"

"天人合一"强调的是天对人有主宰的作用，人必须顺应天，从而达到天与人、人与社会的自然和谐关系，把人看作宇宙自然的一部分，在实践中达到主观与客观、情感与理性、权利与义务、个体与社会的和谐统一。

(一) 何谓"天"

首先,让我们来看看汉字对"天"字的解读。

天(tiān),甲骨文,上为方形的人头,下为正面站立的人,表示人头顶上的空间是天。

金文,将头简化为一粗横。

篆书,使之整齐化。

《说文·一部》:"天,颠也,至高无上。从一、大。"意思是说天,头顶,至高无上。字形由"一、大"构成。

"天"的本义是天空、上天,"天"无比的空阔深邃。古人认为"天圆地方"。圆者,指天是旋转着的更大的天体;天,泛指天空和浩瀚的宇宙。

在日常生活中,"天"往往指顶部的位置,如天桥、天路。"天"又经常用作表示时间单位,如一天天、大后天;也表示时令,如春天、秋天。"天"又引申为天然的、天生的,如天资、天赋、天敌。

中国人以天生的、自然的东西为最美,"天地有大美而不言",因此在夸奖别人的时候往往用"天",

如天造地设、天才、天然、天生、天资、天仙、国色天香。

"天"字包含了天、大、人三个字,"天人"合为一体,天道、地道、人道相互贯通,体现了中国人的宇宙观、人生观,揭示了人与自然、人与万物的内在关系。

"天"在古人看来,起码有三种含义:一是指自然世界,即天然。《荀子·天论》:"列星随旋,日月递炤,四时代御,阴阳大化,风雨博施。万物各得其和以生,各得其养以成。不见其事而见其功,夫是之谓神;皆知其所以成,莫知其无形,夫是之谓天。"天是宇宙的运行,日月交替,四季更换,给天地万物带来生机。二是指天所运行的规律、秩序,即天道。这种规律是不以人的意志为转移的,如我们常说的"天道无亲"就是这一意思。三是指天要求人必须遵循的规则,即天理。朱熹说:"心者,人之神明,所以具众理而应万事者也;性则心之所具之理;而天又理之所从以出者也。"强调人心所具之理,皆出于天。如"天经地义人性"的一致性就是这一意思。

冯友兰认为"天"主要有五种含义：第一种是"物质之天"，指日常生活中所看见的"天之苍苍"，与地相对，就是我们现在所说的天空。第二种是"主宰之天"或"意志之天"，就是指宗教中所说的有人格、有意志的"至上神"。如天常，人们想象中的万事万物的主宰者。第三种是"命运之天"，就是指旧社会中所谓运气。如"死生有命，富贵在天"。第四种是"自然之天"，就是指唯物主义哲学家所谓的自然。第五种是"义理之天"或"道德之天"，就是指唯物主义哲学家所虚构的宇宙的道德法则。

（二）何谓"人"

《说文·人部》："人，天地之性最贵者也。"《礼记·礼运》说："故人者，天地之心也，五行之端也。"人是天地之"心"，是"五行"之端，人能明白宇宙时空之道，能理解和掌握自然的规律，是万物运行的主导者，所以是最为高贵的生物。为何人是天地之性最贵者？荀子在《王制篇》中做了一个很好的回答："水火有气而无生，草木有生而无知，禽兽有知而无义，人有气、有生、有知，且亦有义，故为天下贵也。"荀子认为人的尊贵，是由人的社会性决定的，人是有情感、有道德、有智慧的生物，因此是尊贵的，这是"以人为本"的价值观。

当然，以人为本并不是"人类中心主义"，人相对于其他动物是尊贵的，但人与其他生物又是平等的，互相尊重的，和平共处，共生共荣的。

（三）"天人合一"的"合"在于"一"

"天人合一"是一种深刻的哲学思辨，充满着科学的辩证法，一个"一"字表达了"天人合一"的本质和宗旨。"一"字表面看是一个简单的数字，其实，其内容非常丰富，充满深邃的思想。

第一，"天人合一"，这个"一"，是指天与人共同构成一个互动的系统。"一"既是天地之始，也是人类之始。《易经·系辞上》说："一阴一阳谓之道。""一"是宇宙的起源，正是因为有了"一"，才能不断地衍生出万物。《说文·一部》："一，惟初太始，道立于一，造分天地，化成万物。"古代先贤认为宇宙本来混沌为一，后清上浊下，化成天地万物。他们认为"一"是天地万物之始，是"道"派生出来的原始混沌之气。所以，老子在《道德经》中讲:"道生一,一生二,二生三,三生万物。""天得一以清;地得一以宁;神得一以灵;谷得一以盈;万物得一以生;侯王得一以为天下正。"老子把"一"看成天地运作、宇宙损益的最高准则,道即是一,一是万物之源。正是由"一"开始,构成了一个循环往复、能量守恒的系统,这个循环系统环环相扣,形成一条长长的链条,天与人必须相互协调,才能达到顺畅、通达,最后又归于"一"的状态。这也就是我们常说的"九九归一"。它要求我们要善于找到"和"的一面,防止对立、敌对,要寻找和平共处最大的"公约数",不是"零和竞争",而应寻找共赢、互利的途径。对立的双方是矛盾、冲突的,但又是相互交感、沟通、融合的。既有对立的一面,又有统一的一面。"天地氤氲,万物化醇,男女构精,万物化生",在交感中有了万物,有了男女。从内部看,一个事物是由无数个"一"组成的;从外部看,"一"又是一个整体。即"一分为二",也"合二为一"。为此,要树立一种整体观,防止孤立、片面地看问题,努力寻找"合"的基础、"合"的方法。

第二,天、地、人是一个普遍联系着的整体,万物都不是孤立存在的,它们之间都是相互影响、相互作用、相互联系、相互依赖的。具体表现在:一是天人相通。人的脉轮与宇宙是相通的。人体总共有十五个脉轮:地轮一个、体轮七个、天轮一个、宇宙轮五个、虚轮一个。它们对应宇宙存在要素:物质、能量、信息、心灵、虚空。二是天人相类。天有日月,人有两目;天有四时,人有四肢;天有六律,人有六腑;天有冬夏,人有寒热。这些巧合正是体现了人为小宇宙、天地为大宇宙之观点。三是天人相合。人与自然是不可分割的一个整体,相互依附,一荣俱荣,一损俱损。人生活在天之下,地之上。有天才有地,有地才有人。所以,人不是世界的主宰,人是从属于这个世界的,人要顺应这个世界,要敬畏这个世界。

第三,"天人合一"这个"一"指共同遵循一致的规律、准则。《易经》认为天与人的运动、变化都是"动静有常"的。自然界在不断地运动,"日月运行,一寒一暑""往来不穷"。人类社会也是如此,"观乎天文,以察时变;观乎人文,以化成天下",天文与人文的变化,其背后都有一个共同的东西在起作用,这就是"道",即规律和规则。天地、人间的事物千姿百态,变化无常,但不是杂乱无章的,而是"动而不乱"的,其运行是有节律的,自然界"日月不过,四时不忒",冬去春来,从无差错。人类社会也是从低级向高级有序发展的。为此,天与人之合在于其运行合乎一致,即与客观规律相一致。

三、"天人合一"的实现途径在于"和"与"合"

"天人合一"的精神实现途径,核心在于两个字,一个是"和",另一个是"合"。

(一) 在"中和"中实现"天人合一"

《易经》通篇贯穿着"中和"的思想,主张守中、和谐。《文言传·乾》曰:"刚健中正,纯粹精也。"刚强劲健,居中守正,通体不杂,纯粹精华。在《师卦》则说:"刚中而应,行险而顺。"在《姤卦》中说:"刚遇中正,天下大行也。"在《节卦》中强调"中正以通"。在《兑卦》中说:"刚中而柔外,说以利贞。"类似的提法还有很多,强调的是守中、尚中、中正。

《泰而不骄》 丘玮 画

　　《易经》对"和谐"的现象给予赞美。《易传·系辞上传》说:"鸣鹤在阴,其子和之;我有好爵,吾与尔靡之。"《易传》引用《中孚》九二爻辞的一首小诗:"鹤在山阴鸣唱,同侣声声应和;我有一壶美酒,偕你同饮共乐。"这是同声同气、同乐共享的一种和谐局面。

　　中国的传统文化都把"中和"作为处世的智慧。《尚书》《史记》等典籍曾记载了尧向舜传位时告诫舜要"守中",舜"执其两端,庸其中于民";舜向大禹传位时,再次告诫大禹"人心惟危,道心惟微,惟精惟一,允执厥中"。孔子在《论语》中对"中庸之道"做了阐述,提出了"过犹不及"(《先进》)的概念,"过、不及、中"就是我们所谓的"度"。

在孔子的言谈中，随处可见"中"的态度："君子矜而不争，群而不党。"（《论语·卫灵公》）"君子泰而不骄，小人骄而不泰。"（《论语·子路篇》）它们都是在"过""不及"与"中"之间进行衡量取舍的。

宋代理学家程颐给"中庸"下了一个定义："不偏之谓中；不易之谓庸。中者，天下之正道；庸者，天下之定理。"强调不偏不倚的"中"是永恒不变的定理。《中庸》对"中和"的内涵做了一个经典的概括："喜怒哀乐之未发，谓之中，发而皆中节，谓之和。中也者，天下之大本也；和也者，天下之达道也。致中和，天地位焉，万物育焉。"《中庸》说："人们喜怒哀乐的感情未曾发生叫做中，发露出来而都合宜叫做和。中是天下的根本，和是天下的大道。大道中和，天地就各正其位，万物就发育成长。""中"与"和"是互为表里、相辅相成的。"中"的作用是达到"和"，"和"是"中"的结果。"中和"强调了事物对立面的统一与平衡，复杂多样事物之间的统一与融合。由"中"致"和"是"天人合一"的必由之路。它要求我们把握好"度",达到恰到好处;要"适中",因地制宜,与时俱进;要"和而不同,多元一统"。具体来说,要实现如下三个方面的"和谐":

一是人与自然的和谐相处。"天"是人类赖以生存的大环境。"天"给人类提供了丰富多样的食物、洁净的水源、清新的空气,人对大自然要怀有感恩之心、敬畏之心,倍加珍惜。人类与自然的关系,应该是友好的、融洽的,而不能是征服者与被征服者的关系。人类是一个有智慧的族群,但往往高估了自己的能力,对自然采取掠夺的态度,无节制地加以开发。特别是进入工业文明的时代,资源的日趋枯竭、生态环境的污染、气候变暖引起的"温室效应"等,已经给人类社会可持续发展带来了难题。100多年前,恩格斯在《自然辩证法》中写道:"我们不要过分陶醉于我们人类对自然界的胜利。对于每一次这样的胜利,自然界都对我们进行报复。"恩格斯提醒我们要尊重自然、敬畏自然、顺应自然。"天人合一"的和合精神要求我们建立"自然是我师"的观念,认识和尊重自然规律,树立"万物一体",天地人一统的理念,实现人与自然的良性互动,和谐共存。

汉字的"天"字，泛指人的头顶上有一个广阔的天空，天之下是一个站立的人，这意味着要"以人为本"，人的主观能动性要发扬，但天和人是统一、一体的，不是随心所欲、任性而为的，人只能按照天的规律，在和谐统一之下去发展。如果人非要自以为是地以人为主，不按照自然规律办事，假如人把天捅破了，那"天人合一"就不是天，而是"一介莽夫"了，这只不过是逞匹夫之勇，逞匹夫之勇的人总是要吃苦头的。

所以，天地间万物的运动都受天地自然运转的约束与制衡，这就要求人类要遵从自然法则，要保持自身主体与自然界客体之间的协调统一。和谐则发展，不和谐则变异，这是千古不变的真理。

故在天与人的关系上，我们要循天理，行天道。天理有法，天道有常，这种自然规律无时无处不在起作用。虽然我们也要发挥人的主观能动性，但不能逆天而动。我们在处理人与自然的关系上，要尊重自然，敬畏自然，不能漠视自然规律，为所欲为。如对资源的滥开滥采，导致资源的枯竭；污染大气和水源，导致生态环境的恶劣；过度建设，造成生态环境的失衡。在对待自然的态度上要坚持合理利用，防止野蛮开发。这就要把握好一个"度"，不能求大、求快。有一句成语叫"天灾人祸"，天灾与人祸是紧密相连的，两者有因果关系。"天灾"往往是"人祸"引起的。如毁林造田导致了山体滑坡等。

我国古代先贤非常重视"风水"，即地理环境，要求人们的居住要顺应"天"的要求。如住房的方位最好是坐北朝南，这样可以冬暖夏凉；房子要采光、通风、干爽等。这是"天人合一"在生活中的要求。为此，要坚持节约资源和保护环境的基本国策，像保护眼睛一样保护生态环境，像对待生命一样对待生态环境，推动形成绿色发展方式和生活方式，协同推进人民富裕、国家强盛、中国美丽。

今天，我们在与自然的和谐相处上，要加强工业废水的处理；加强对资源的有序、有节制的开发；研发、推广清洁能源的使用；大力推进生活垃圾的分类处理，促进垃圾减排；推广节约行动，减少一次性消费；等等。

二是人与物的和谐相处。"天人合一"的"天"，其实也包含着地上生存着的万物，特别是生物,它们与人类共同构成了一个生态圈。在自然界万物的生长中,有一个生态的链条,相生相克,不断地在变动中保持平衡发展。"天人合一"既强调人在自然界中的主体地位,又提醒我们要防止"人类中心主义",要把人作为自然界万物中的一员,摆在平等的地位上。人要与万物和谐相处,保护生物的多样性和生存链条不受破坏。但对这个问题,人类缺乏清醒的认识,把人凌驾在万物之上,做出许多违反自然规律的事来。如有的乱捕野生动物,还有的滥吃野生动物,这些做法带来的后果首先是生物物种的减少,甚至灭绝。如我们熟知的"禾花雀",生物学上称之为"黄胸鹀"。这种小鸟是热爱自由的生灵,也是一种益鸟,平时是吃害虫的。每年的秋季,它会从西伯利亚振翅起飞,飞越山林湖泊,飞行4000千米向中国南方迁徙,到南方度过寒冷的冬天。但有些地方的人为了满足口腹之欲,用火枪、大网加以捕杀。在最近的三四年间,"禾花雀"的数量下降了95%。2017年12月5日,世界自然保护联盟(IUCN)在濒危物种红色记录中,将其评级从"濒危"升为"极危"。这意味着这一野生种群处于濒临灭绝的境地。曾经被称为中国淡水之王的长江白鲟也宣告灭绝。而非洲大草原的霸主——大象,也正以每年3.8万头的速度递减,濒临灭绝。其次是危害了人类自己。科学研究表明,超过70%的新的传染病来源于动物,它们是病毒的"宿主"。如1976年在非洲暴发的传染病埃博拉,2003年的非典流行等,都是滥吃野味的结果。这是生物的报复,一次次给人类敲响了警钟。再次是损害了人类本身应当具有的慈悲之心。有生命的动物,和人一样都有生存的权利,这种权利应当得到尊重,随意杀戮反映了人类人性的泯灭,最终是害物、害己。大自然和人类是一个命运的共同体,一损俱损,一荣俱荣。

《狩猎图》(局部)　仇英　画

对待万物的态度，首先要适时、适度。孔子在《论语·述而篇》中说："子钓而不纲，弋不射宿。"孔子钓鱼，不用系满钓钩的大绳来捕鱼；用带丝绳的箭来射鸟，不射归巢的鸟。孔子不主张竭泽而渔，捕到大鱼，放走小鱼，如果让鱼绝了种，以后就捕不到鱼。孟子主张："不违农时，谷不可胜食也；数罟不入洿池，鱼鳖不可胜食也；斧斤以时入山林，材木不可胜用也。"（《孟子·梁惠王上》）孟子认为人类不仅要爱人类，而且还要爱鸟兽、草木，凡是有生命之物，都要尽力加以爱护，同时不能过度开发，竭泽而渔。《淮南子》云"不涸泽而渔，不焚林而猎"，"鱼不长尺不得取，彘不期年不得食"，告诫人们捕鱼狩猎，不能毫无节制，无度索取。其次要加以尊重和保护，维持生物的多样性和丰富性。要惩处对野生动物的捕杀行为，改变食用野生动物的陋习。

三是人与人之间的和谐。"天人合一"不但包含天地与人之间的和谐相处，而且也包括人与人之间的相处。"天灾"与"人祸"往往是联系在一起的。在地球上人与人之间的冲突是"天人合一"难以实现的突出表现，比如战争导致了大量的人丧生：第一次世界大战死亡人数达1 000万人；第二次世界大战死亡人数达7 000万人；还有核泄漏事件，导致了重大的灾害。由于不同的国家、不同的民族都有不同的利益和价值观、文化观，导致了利益的冲突、文明的冲突，引发无休止的争斗。中国的"天人合一"理念，把全人类作为命运的共同体，尊重各个民族的宗教信仰、生活习俗和特有的利益，主张和而不同，求同存异，用包容大度的胸怀去对待别国的国民，恪守以和为贵的宗旨，主张合作共赢，不主张零和博弈，这与西方一些霸权主义的国家崇尚的丛林法则是不同的。特别是在灾害面前，更应该有仁爱之心，不能隔岸观火，袖手旁观，更不能采取幸灾乐祸的态度。在灾害面前，在我们这个地球村，谁也不能独善其身，假如隔岸观火，最后必然是引火烧身，自食其果。

在当今世界多极化、经济全球化、文化多样化的时代，世界并不太平。如何化解冲突和危机，建立一个和平、友爱的世界，是摆在我们面前的突出问题。人类应当遵守"万物并育而不相害"的和共理念，尊重生存权、发展权，不分种族、不分民族和合共生，共同成长，而不应互相争斗，甚至进行你死我活的博弈。中华民族历来主张"民胞物与"，视天下百姓为同胞兄弟，"四海之内皆兄弟也"，天下万物都是我的伙伴朋友。遵循泛爱众、兼相爱的和爱原理，构建人类生命共同体，也是"天人合一"的要求。

（二）在"融合"中实现"天人合一"

"天人合一"的实现途径，首先在于一个"和"字，其次是一个"合"字，也就是天人相互符合、合拍。《易传·文言传》说："君子以成德为行，日可见之行也。"君子应该修炼好德行以后再去行动，这样每天都可以见到他的善行。《易传·文言传》乾文言讲到要四个"合"。"夫'大'人者，与天地合其德，与日月合其明，与四时合其序，与鬼神合其吉凶者。"爻辞说所谓"大人"，与天地的德行一致，与日月一样光明，与四时变化顺序合拍，与鬼神一样能预知吉凶。孔子认为，要成为一个"大人"，应该与天地、日月、四时、鬼神合拍，即他的认识和行为都应符合自然的法则。具体来说，要做到如下的几个方面：

1. "与天地合其德",开拓有价值的人生之路

当今人类社会的发展面临着一个突出的问题是,随着经济和科学的发展,出现了信仰的缺失、人文精神的失落和道德在某些领域的滑坡,人与人之间的关系疏远,产生隔膜,出现不断增长的焦虑、恐惧、苦闷和不安。这就需要人类从中反思其根源并寻找到出路。"天人合一"的和合精神,不但强调了人与自然的一体性,也强调了天与人在精神世界的一体性,主张"天人合德,颐养天性",这是一条解决现代人心灵困境之路。

在儒家看来,"天"既有一个自然之天,又有一个道德意义上的"天性之天"。人们常说,"人在做,天在看""天网恢恢,疏而不漏",讲的就是天有善恶的分辨能力。为此,《易经》主张"天人合德",这是"天人合一"的天性对人性的要求,要顺天之性,效天之德。

那么,"天"有何"德"呢?概括起来主要有如下几个:一是"公正无私"。《礼记·孔子闲居》记载了孔子讲的"三无私",即"天无私覆,地无私载,日月无私照,奉斯三者以劳天下者,此之谓'三

无私'"。天，给大地提供了阳光、雨露，但从来没有要求得到回报。为此，人应当效法"天"，有"为天地立心"的情怀。二是"自强不息"。《易传·象传》说："天行健，君子以自强不息。"天行至健，运行不息，从不知疲倦，这是天的德性，作为君子必须效法天德，不懈奋斗。三是"开拓创新"。《易传·系辞》说："富有谓之大业，日新之谓盛德。"这里讲的盛其德，就是效法太阳，太阳每天都是新的，人要苟日新、日日新、又日新，不断地超越自己，开拓新的境界。

在儒家看来，天是道德观念和原则的本原，人心中天赋具有道德原则，这种"天人合一"乃是一种自然的但不自觉的合一。但由于人类后天受到各种名利、欲望的蒙蔽、迷惑，不能发现自己心中的道德原则。人类修行的目的，便是去除外界欲望的蒙蔽，"求其本心"，达到一种自觉地履行道德原则的境界，这就是孔子所说的"七十从心所欲而不逾矩"。为此，"天人合德"的关键是要做到彰显"天德"。

那么，如何做到"培育天德"呢？具体来说：

首先是"化秉性"。即化掉由父母遗传下来的人的劣根性。人本性是善恶共存于一体的，其劣性古人总结为"贪、嗔、痴、怒、恨、怨"，人的私欲一旦不能满足，秉性就发作，怒、恨、怨、恼、烦就来了，俗话说"江山易改，禀性难移"。人的禀性之根最深、最难拔除，因为它是人类始祖遗传而来的。人要修身养性，说到底就是化禀性。化禀性，就是克服与生俱来的人性弱点，走上善良的正道。

其次是"去劣性"。这是将后天习染养成的恶习和坏毛病去掉，古人总结人的恶习为"吃喝赌嫖抽"。这些恶习缠身会使人害己、害人、害家、害社会，必须戒掉恶习，改掉坏毛病。当然，劣根性还有很多种表现，社会上一些丑陋的行为，均可以列入"劣性"之列。

最后要"养天性"。天性是天所赋的天德之性，天之德就是"仁义礼智信"五常之德，使之成为一个至善、至德、至美的人。在为人上，追求知里如一、知行合一；在处世上，追求内方外圆、刚柔相济；在生意场上，追求诚信守信、和气生财；在艺术创作上，追求情境合一、物我一体等。

《商鞅变法》 国浓 画

2. "与日月合其明"，纯洁心灵，开启心智

日月都是给我们带来光明的天体。日给我们能量、温暖、光明，月亮不但在夜晚反射太阳的光亮，还给我们带来宁静。日月的共同特征是"明"，这个"明"表现为：一是一种正能量、光明磊落、坦坦荡荡；二是乐观向上的心态，阳光灿烂给人们带来的热情、乐观、愉悦的心态，可以驱散阴霾、黑暗，消除颓废、灰暗的情绪；三是纯洁，月亮的冷光不但是纯洁的，还给人以宁静；四是启智，明是明心见性，开启智慧，消除愚昧。这四点就是与日月合其明的内涵。

3. "与四时合其序"，建立与时偕行的处世方式

《易经》强调"与四时合其序"，这个"序"是指时序。天体按一定的规律运行，一年四季，春种、夏长、秋收、冬藏，从不违时。人的行为也应该随之变化，不能违背。孔子说，有圣德的人，他的行为遵循四时的变化顺序而动，有时可能超越天象而行动，有时也可能后于天象而处事，这都不违背天道，天不会惩罚它，更何况人和鬼神呢！

《周易·益卦·象传》说："天施地生，其益无方。凡益之道，与时偕行。"这是说，上天施气于

地,大地接受天之气而化生万物。益之道就是根据时势的变化,做出恰当的判断,采取适当的行动。《周易·乾卦·文言》说:"终日乾乾,与时偕行。"就是要我们努力、勤勉、与时俱进。

"与四时合其序"主要体现在:

一是要顺应天的运行时序,《易经》要求我们"承天而时行"。中国古代以农耕作为生产方式,如果违背农时,则会颗粒无收。时序对人们的生存环境影响很大,自然失序则瘟疫生。如冬行春令,这种不正常的自然环境会让疾病滋生。《礼记·乐记》中说:"天地之道,寒暑不时则疾,风雨不节则饥。"意思是说,天地之理,四季运行失去时序疾疫就会产生,春风夏雨失去调节就会谷损民饥。如我们的作息时间,古时是"日出而作,日落而息",我们的生活不能日夜颠倒,否则,则会引起生物钟的紊乱。又如四季运行,我们着衣则应顺天气而加减衣服。中医更是讲求四季、四时养生,人的生活节律要与"天"相协调。《黄帝内经》中讲与四时相应则气顺,与四时相背则气逆。伯岐认为邪气往往随着四时气血的变化而侵入人体,必须顺应四时经气的变化驱除邪气。

二是要抓住时机。《易经·象传·艮卦》："时止则止，时行则行，动静不失其时，其道光明。"要求人们的行为不失去"时"。"合序"也表现在抓住时机、机遇。孟子讲，人要取得成功，必须靠"天时、地利、人和"。机遇往往是稍纵即逝的。机遇有如一个窗口偶尔打开，随时可能关闭。《汉书·郑通传》："夫功者，难成而易败，时者，难得而易失。时乎时，不再来。"郑通劝韩信要抓住时机，可惜韩信没有把握好。俗话说，机遇偏爱有准备的人。善于抓住时机的人，往往是富有远见、具有判断能力，同时又是果断的人。人生道路的一个改变，往往也是由一个个的机遇相接起来的，"合其序"的人，占领了先机，"失其序"的人永远搭的是"末班车"。

三是要与时偕行。《易经》的核心精神是不易、简易、变易，要求我们适应事物发展变化的要求，要求变、应变、与时俱进，不能固步自封、食古不化，要除旧布新，推陈出新，在变中适序。这种与时偕行的合序，反映了昂扬、向上、乐观的人生态度，体现了中华民族奋发进取的精神面貌。

4. "与鬼神合其吉凶",按客观规律办事

"与鬼神合其吉凶",并不是一个迷信的说法。在这里"鬼神"并不是民间认为的神仙、鬼怪。孔子对"鬼神"有一个独特的看法。他说:"阴阳不测之谓神""神也者,妙万物而为言者也"。他认为在天地宇宙间,阴阳变化有一种人看不见、摸不着的东西,它以自身的力量推动着事物的运动,这种力量在天叫"神",在地叫"鬼"。其实,"神鬼"就是隐藏在事物背后并起作用的规律,是无形的规律。道家把它叫"道"。"与鬼神合其吉凶"就是要求人的行为要符合这种无形的规律。即遵循对立统一、能量守恒、从量变到质变的规律。

"与鬼神合其吉凶"在现实中是顺天、应天、用天,这就是运用天的"天性",合理、科学地加以利用,化害为利。在中国历史上,都江堰水利工程就是一个典范。都江堰水利工程坐落在成都平原西部的岷江上,是蜀郡太守李冰父子在前人鳖灵开凿的基础上组织修建的大型水利工程,是全世界迄今为止年代最久、唯一留存、仍在一直使用、以无坝引水为特征的宏大水利工程,是中国古代劳动人民勤劳、勇敢、智

慧的结晶。

元世祖至元年间（1264—1294），意大利旅行家马可·波罗从陕西汉中骑马行20余日抵成都，游览了都江堰，后在其《马可·波罗游记》一书中说："都江水系，川流甚急，川中多鱼，船舶往来甚众，运载商货，往来上下游。"

今天，我们利用风能发电、潮汐发电、太阳能等，都是与天合德的创举。

《闻鸡起舞》 谢志高 画

第二讲 「自强不息」的奋斗精神

梁启超像

我们都知道，清华大学的校训是"自强不息，厚德载物"。这个校训来自梁启超先生的一次演讲。

1914年，第一次世界大战爆发，世界动荡不安。11月5日，应清华大学周诒春校长邀请，梁启超先生在同方部为清华师生做了一场演讲。梁启超先生在演讲中说：周易六十四卦，言君子者凡五十三。乾坤二卦所云尤为提要钩元。乾象曰："天行健，君子以自强不息。" 坤象曰："地势坤，君子以厚德载物。"推本乎此，君子之条件庶几近之矣。

乾象言，君子自励犹天之运行不息，不得有一曝十寒之弊。才智如董子，犹云勉强学问。《中庸》亦曰，或勉强而行之。人非上圣，其求学之道，非勉强不得入于自然。且学者立志，尤须坚忍强毅，虽遇颠沛流离，不屈不挠，若或见利而进，知难而退，非大有为者之事,何足取焉?人之生世,犹舟之航于海。顺风逆风,因时而异,如必风顺而后扬帆,登岸无日矣。

且夫自胜则为强,乍见孺子入水,急欲援手,情之真也。继而思之,往援则己危,趋而避之,私欲之念起,不克自胜故也。孔子曰:"克己复礼为仁。"王阳明曰:"治山中贼易,治心中贼难。"古来忠臣孝子愤时忧国奋不欲生,然或念及妻儿,辄有难于一死不能自克者。若能摈私欲尚果毅,自强不息,则自励之功与天同德,犹英之劲德尔门,见义勇为,不避艰险,非吾辈所谓君子其人哉。

梁启超先生把"自强不息"作为君子的人格特征。五天后,《清华周刊》以《君子》为题刊发了演讲的全文。

中国精神的内涵是多方面的,但最根本、最重要的是"自强不息"的奋斗精神。国学大师张岱年先生曾经说:"自强不息,在铸造中华民族的民族精神上,起到了决定性的作用",是"中华民族精神的核心内容",是中华民族历史上"一个一贯的文化精神",是"中国文化发展革新的内在契机"。自强不息的奋斗精神在中国精神中起着统领作用。如尽忠报国、刚健有为、坚忍不拔、威武不屈的精神，可以说都是自强不息精神内涵的延伸和在不同层次的呈现，自强不息是中华民族的力量之源，是中华民族屹立于世界民族之林的法宝。

那么，"自强不息"的奋斗精神的思想源头来自哪里？其内涵是什么？今天我们应如何弘扬这一精神？下面，我们读读《周易》的"乾"卦，从中领略这一精神的时代价值和现实意义。

一、"自强不息"的奋斗精神来自《易经》的"乾"卦

"自强不息"一词来自《周易》的"乾"卦。"乾"卦为六十四卦的第一卦，由六个阳爻组成。

乾卦画为☰，上卦下卦均为阳卦，三爻皆阳象征天上、地下、人间至阳、至健、至刚。创造万物伟大的天，亨通顺利成长，祥和有益前进，贞正坚固。"健"为乾卦的特征。

卦辞："乾：元，亨，利，贞。" 乾，意为创

始、通达、合宜、正固。

《象传·象辞》曰:"天行健,君子以自强不息。"象辞指出,天体的运行健劲,君子必须效仿天上运行的太阳,永不停歇,刚毅卓越,执着地追求、进取和奋斗。

"乾"卦一个核心的精神是"健",《象传·系辞上传》:"夫乾,天下之至健也。""自强不息"表现的是永远努力进取,绝不半途而废的刚健有为、奋斗拼搏的精神,是勤劳勇敢的品质,是不折不挠的气节,也是奋发有为的自信心和乐观向上的心态。

自强:自己努力向上;息:停止。自强不息从字面上解释,就是自觉地努力向上,永不松懈。

孔子不但推崇这一精神,并且身体力行地去实践。

孔子把"自强不息"作为一种人生境界。《论语·述而》曾记载了孔子与弟子的一段对话:"叶公问孔子于子路,子路不对。子曰:'女奚不曰,其为人也,发愤忘食,乐以忘忧,不知老之将至云尔。'"有一次,叶公问孔子的为人,孔子的弟子子路不知如何回答。也许是因为很难描述孔子这样的人物。孔子说:"你为什么不告诉他,他这个人,发奋用功就忘记了吃饭，内心快乐就忘记了烦恼，连自己将要衰老了都不知道，如此而已。"孔子的这一回答，表达了他高远的志向、奋发的精神、乐观的心态。

孔子的一生勤奋好学，孜孜以求。他认为自己不是"生而知之者"，所以"学而不厌"；他奋发有为，鄙视"饱食终日，无所用心"（《论语·阳货》）的人；他努力向上，曾经站在河边喟叹"逝者如斯夫！不舍昼夜"（《论语·子罕》），感慨时光易逝，人生短暂，必须及时努力，珍惜时光，不断奋进。

自强不息从深层次去理解，就是一个人即使处境艰难，也要通过持之以恒的努力和付出，成就一个强大的自我。

二、"自强不息"的奋斗精神是中华民族生生不息的精神力量

自强不息是天道的表征。汉字的"乾"字从早，象征着朝气蓬勃、奋发有为。《周易集解》："言天之体以健为用，运行不息，应化无穷，故圣人则之。

欲使人法天之用，不法天之体，故名'乾'，不名天也"。"乾"的特质首先表现为一种刚毅、执着、坚忍不拔的精神。

乾音近强，乾也就是刚强。因此，乾体现的是一种不屈不挠的精神和毅力、一种有所作为的人生态度、一种向上向前的正能量。在人生的道路上，总是有坎坷，有波折，不可能一帆风顺，但不管遇到什么困难和挫折，只要心中有朝阳，就一定能够挺过去，就不会悲观、消沉，就能勇往直前，克服种种困难。

（一）自强不息是战天斗地、奋斗不息的民族精神

我国的先民面对自然灾害，恶劣的自然环境，不悲观、不屈服，以自强不息的精神，进行了艰苦卓绝的奋斗，绝处求生，创造了许多人间奇迹。古代的许多神话传说，如"精卫填海""愚公移山""盘古开天""女娲补天""后羿射日""大禹治水""神农尝草"等，塑造了一个个与大自然不息抗争的典型形象。这些神话是民族精神的底色。天塌了，女娲炼五彩石补天；没路了，愚公率领子孙挖山不止；天高远，夸父追逐太阳，倒在干渴的路上！

我国的先民在严酷的自然环境面前，不是选择屈

服的态度，而是勇于抗争，披肝沥胆，不惜牺牲，直至取得最后的胜利。

如今，这种精神已经融进中国人的血脉之中，不向困难低头，不向邪恶让步，不向苦难屈服，表现了中国人的"骨气"，成为中华民族鲜明的精神特质。

"天眼巨匠"南仁东是当代自强不息的典范。1993年，中国的射电望远镜的口径只有25米，而美国已经拥有350米口径的阿雷西博射电望远镜。为此，南仁东立志建一个国际大射电望远镜。为了选择一个理想的地方，他花了11年，带领团队走过贵州大大小小几十个村寨，终于找到一个理想的地址。从此，开展了一场艰苦卓绝的技术攻关战。2016年9月，南仁东已经罹患肺癌。但是，他仍然以顽强的毅力带病工作。2020年1月11日，"天眼"正式运作开放。可惜他未能看到这一天，于2017年9月逝世。南仁东说："人类之所以脱颖而出，就是因为有一种对未知的探索精神。"南仁东用坚定的信念、坚韧不拔的意志和科学精神，建成了"中国天眼"，为人类探索宇宙的奥秘开启了一扇窗户。

（二）自强不息是进德修业、不懈奋进的君子人格特征

《周易·乾卦象》曰："天行健，君子以自强不息。"意思是说，君子在进德修业上应效法上天的刚健有为，遵循天道自然，奋斗不懈，追求进步，永不停息。

中华民族的许多仁人志士都做了榜样。司马迁在《报任少卿书》中说："盖文王拘而演《周易》；仲尼厄而作《春秋》；屈原放逐，乃赋《离骚》；左丘失明，厥有《国语》；孙子膑脚，《兵法》修列；不韦迁蜀，世传《吕览》；韩非囚秦，《说难》《孤愤》；《诗》三百篇，大抵圣贤发愤之所为作也。"司马迁列举了一批在苦难中奋进的人物，并作为自己效法的榜样。他忍受了遭受宫刑的耻辱，历时十四年，终于写成了被称为"史家之绝唱，无韵之离骚"的《史记》。

屈原在《离骚》中写道："长太息以掩涕兮，哀民生之多艰……路漫漫其修远兮，吾将上下而求索。"表达了他为人民生活而振臂高呼和不断求索的情怀。

李白在《行路难》中说："长风破浪会有时，

直挂云帆济沧海。"表达了对人生前途的乐观、豪迈的气概和浪漫主义的情怀。

蒲松龄写了一副很有气势的对联：

有志者，事竟成，破釜沉舟，百二秦关终属楚；

苦心人，天不负，卧薪尝胆，三千越甲可吞吴。

蒲松龄才华横溢，但生活清贫。他在《学究自嘲》中描写了他的生活状况："暑往寒来冬复秋，悠悠白了少年头！半饥半饱清闲客，无锁无枷自在囚。"虽然参加几次科举考试名落孙山，但他并没有心灰意冷，而是将自己的聪明才智用于文学创作，撰写出名作《聊斋志异》，为中国古典文学添上亮丽的一笔。

"闻鸡起舞"的典故也是自强不息的奋斗精神的生动写照。

西晋时期，司马家族的统治极其腐败，致使国力衰弱。北方匈奴乘机入侵，打败了晋军主力，攻陷了晋都洛阳，俘虏了晋愍帝。匈奴对晋愍帝百般羞辱，最后杀死了他。在匈奴的统治下，百姓的生活处在水深火热之中。

这时，一位名叫祖逖的爱国志士，发誓要收复失地，拯救苦难百姓。他与好友刘琨住在一起，每日凌晨鸡鸣之时，两人就起床练剑，无论酷暑严冬、刮风下雨，从不间断，终于练就了高强的武艺，磨砺了刚强的意志。

317年，司马睿在建康建立了东晋政权，史称晋元帝。东晋朝廷苟安于江南一隅，并没有收复失地的意图。祖逖十分焦虑，他专程赶到南京求见司马睿，要求领兵北伐，收复中原。司马睿只好答应，任命祖逖为豫州刺史，却不给他一兵一卒，要他自己招兵买马，建立军队。虽然这样，祖逖北伐的决心不变。他带领几百名志愿北伐的壮士，渡江北上，发誓："北伐如不成功，我祖逖绝不再踏入这条大江。"渡江后，祖逖一边召集人马，打造兵器，一边与敌人作战，终于收复了黄河以南的大部分土地。

在这个世界上，每一个人无论是安身立命，还是建功立业，都要刚强奋斗，才能有所作为。雨果曾经说过："我宁愿靠自己的力量打开我的前途，而不愿求有力者的垂青。"一个人活着，前途主要取决于自己，首先要靠自助，然后才是他助、天助。只有自强才有可能成功，依赖只能处于一种寄生的状态。

（三）自强不息是不屈不挠、抵御列强的家国情怀

在中华民族的历史上，有许多民族英雄为民族的生存奋起抗争，留下了许多可歌可泣的事迹。

宋代名将岳飞为收复失地，驰骋沙场。他不畏奸佞谗言，不顾国君昏庸，在被召回朝廷遇害之前，还念念不忘"直捣黄龙，救回'二圣'，收复大好河山"。

文天祥，在元军兵临城下时，明知前去谈判凶多吉少，却置个人生死于不顾，从容前往，在《过零丁洋》中高吟"人生自古谁无死，留取丹心照汗青"的悲壮诗句。

中华民族是一个苦难深重的民族，从第一次鸦片战争（1840—1842）到八国联军侵华战争（1900—1901）的六十多年中，外国列强对中国进行了侵略、瓜分、烧杀、掠夺，强加于中国的不平等条约多达数十个。

我们看看中国近代被逼签订的一个个不平等条约：

1842年8月29日英国逼中国签订了中英《南京条约》，拉开了中国割地赔款的序幕，中国赔款二千一百万两银元，割让香港，英国人在香港只受英

国法律和英国法庭的约束，即是所谓治外法权。

1844年5月18日，清政府被迫与美国签订了《中美望厦条约》，规定美国兵船可以自由出入中国通商口岸，可以在通商口岸建教堂、医院。

1844年10月24日，法国逼使中国签订了中法《黄埔条约》，规定法国享有英国、美国在中国的一切特权，法国可以在租地建立教堂，从此出现了"租界"，出现了"中国人和狗不准入内"的侮辱中国人的标语。

1858年6月26日，清政府被逼与英国签订了《中英天津条约》，中国给英国赔款白银四百万两，英国商船可以在长江各口岸往来等。

1858年6月27日，清政府被逼与法国政府签订了《中法天津条约》，规定中国给法国赔款两百万两，允许天主教入内地自由传教。

1858年5月28日，清政府被逼与俄国签订了中俄《瑷珲条约》，规定乌苏里江以东至海的中国土地改由中俄共管，中国将外兴安岭以南、黑龙江北的一片领土割让给俄国。

1860年10月24日，英国又强逼中国签订了《中英北京条约》，规定天津为商埠，割让九龙司地方一区，增加赔款八百万两。

1860年10月25日，法国政府又强逼中国签订了《中法北京条约》，同样要求赔款八百万两。

1887年12月1日，葡萄牙政府强逼中国签订了中葡《北京条约》，规定允许葡萄牙永驻澳门，同样享有英、美等国的特权。

1895年4月17日，日本政府强逼中国签订了《马关条约》，规定日本占有台湾、澎湖列岛和辽东半岛，允许日本在各通商口岸设领事馆和工厂。

1901年9月7日，清政府被逼与英、美、俄、德、日、法、意、西班牙、奥地利、荷兰、比利时十一国签订《辛丑条约》，要求中国赔款四亿五千万两，分三十九年还清，年息四厘，本息合计九亿八千多万两。当时的人口是四亿五千万，即每一个人赔一两。将北京东交民巷划为外国使馆区，中国人不准居住，拆毁大沽炮台及京师至海通道之各炮台，外国军队驻扎北京和从北京到山海关沿线的十二个重要地区等。

从上面的一系列不平等条约中可以看到，中国就像一只小绵羊，任由宰割和蹂躏，不仅割地赔款，还丧失了部分地方的管治权和防御权，从此积贫积弱，任人欺凌。

有两个重大事件令人悲痛、震惊。一个是"火烧圆明园"：

1860年10月18至21日，英法联军攻占圆明园。先是抢掠了上至中国先秦时期的青铜利器，下至唐、宋、元、明、清历代的名人书画和各种奇珍异宝，达150万件，然后放火焚烧，大火烧了三天三夜，把一座规模宏伟、景色秀丽、中西合璧，代表中国古代园林艺术巅峰的宫殿化为废墟。如今，英国大英博物馆的许多藏品都是从中国掠夺过去的。最可恨的是，他们烧掉了一大批中国的典籍，被称为历史上最恶劣的文化毁灭行动之一。

还有一个是"南京大屠杀"：

1937年12月13日，侵华日军攻入南京城，开始了长达四十多天的南京大屠杀。他们屠杀、奸淫、放火、抢劫，遇难人数超过了30万人。

可以说，中华民族处于《义勇军进行曲》所写的"到了最危险的时候"，但是，中国最终没有被彻底打垮。无数的仁人志士在中华民族危难的关键时刻，奋起抗争，浴血奋战。林则徐虎门销烟，拉开了中国近代抵御外侮、民族自强的序幕，此后的洋务运动、戊戌变法、辛亥革命、新民主主义革命、抗日战争、解放战争，开启了有识之士自强不息、追求救国救民真理的历史进程，"自强"成为中华民族一百多年的时代强音。

（四）自强不息的奋斗精神是实现中国梦和中华民族伟大复兴的不竭的精神动力

从1921年7月11日中国共产党成立之日起，中国共产党带领全国人民为实现国家独立、民族解放和人民富强进行了不懈的努力。正是这种精神，战胜了前进道路上的层层险阻。在这一历程中，有几个重大的事件是自强不息的奋斗精神的生动写照。

首先是伟大的万里长征。

1934年10月，中央红军主力离开中央革命根据地开始长征。同年11月和次年4月，鄂豫皖革命根据地的红二十五军和川陕革命根据地的红四方面军分别离开原有根据地开始长征。1935年11月，湘鄂西革命根据地的红二、六军团也离开根据地开始长征。1936年6月，第二、六军团组成第二方面军。10月，红军

一、二、四方面军爬雪山、过草地，经受了饥饿和疾病的考验，还经受了敌人的围、追、堵、截的袭击，终于在甘肃会宁会合，到达了陕北。红军四渡赤水，抢渡金沙江，飞夺泸定桥，突破天险腊子口，留下了许多可歌可泣的故事。其中红一方面军长征历时一年，转战14个省，行程约二万五千里。

中国工农红军长征的胜利，是人类历史上的奇迹。习近平总书记指出："伟大长征精神，是中国共产党人及其领导的人民军队革命风范的生动反映，是中华民族自强不息的民族品格的集中表现，是以爱国主义为核心的民族精神的最高体现。"（《习近平谈治国理政·第二卷》第47页）

其次，中华人民共和国成立以后，为了突破西方列强的"核"敲诈，试验了"原子弹""氢弹"和洲际导弹。其中洲际导弹的研发正是自强不息精神的体现。

中国的洲际导弹中有一个非常重要的部件，叫"姿控发动机"，是用来控制导弹飞行姿态的。在导弹飞行过程中，要是飞行姿态控制不精确，导弹就有可能飞偏方向，偏离目标。

中国的第一个"姿控发动机"是在五十年前研制

完成的，但这个"姿控发动机"还有一个不太雅致的小名，叫"厕所发动机"。

当时，美国的第七舰队进入台湾海峡，中国周边的国家和美国结成反华联盟，这个联盟对中国的东部地区、南部地区构成了一个半圆形的包围圈。此时，苏联已和中国交恶，他们撤走了帮助我们研发核武器的专家，还逼迫我们马上偿还抗美援朝时欠下的债务，同时还策动国内分裂势力三天两头闹事。

在这样紧张危急的局势下，当时的党中央在全中国准备了三道反美、反苏的战略防线。

当时的中国航天科技集团第六研究院，由于没有能够供科研人员研究姿控发动机的试验室，只好找到一个闲置的厕所，用砖头把粪坑填起来，抹上泥土，在男女厕所隔断墙壁上打孔，装上有机玻璃，自建一个厕所实验室，最终制造出了小名为"厕所发动机"的"姿控发动机"。当年，被美苏重重包围的中国人，靠一个自强不息的信念，凝聚起一代人无私奉献的精神。正是因为有那一代心甘情愿奉献自己的人，才有了我们今天创造中国奇迹的可能。

中国"氢弹之父"于敏回顾"氢弹"的研制过程

时说:"说起罗布泊核试验场,人们都会联想到千古荒漠,死亡之海。提起当年艰苦创业的岁月,许多同志都会回忆起搓板路、住帐篷、喝苦水、战风沙。但对于我们科技人员来说,真正折磨人、考验人的却是工作上的难点和技术的难关。"多年后,程开甲院士在一篇文章中这样写道:"我想,我们艰苦奋斗的传统不仅仅是生活上、工作中的喝苦水、战风沙、吃苦耐劳,更重要的是刻苦学习、顽强攻关、勇攀高峰的拼搏精神,是新观点、新思想的提出和实现,是不断开拓创新的进取精神。"

再次,2020年抗击突如其来的新冠肺炎疫情,更是体现了中华民族临危不惧、不屈不挠的精神。2020年的新冠肺炎疫情,作为一个公共卫生突发事件,是改革开放以来的一个重大的灾难,并从自然领域延伸到经济领域、社会领域,引发了次生灾害。在这一个突发事件面前,我们临危不惧,冷静应对,科学施策,同舟共济:四万多名医务工作者奔赴疫区,成为生命的"逆行者";军人、警察、社区工作者、新闻工作者、志愿者以及普遍民众奉献了心力、智力和汗水,奋战在抗疫的第一线,表现了科学严谨的精神、必胜的乐观主义情怀和坚韧不拔的品格。

鲁迅先生在《中国人失掉自信力了吗？》中说："我们从古以来，就有埋头苦干的人，有拼命硬干的人，有为民请命的人，有舍生求法的人……这就是中国的脊梁。"这些奋战在抗疫第一线的人，的确是中华民族的脊梁。

今天，我们所处的国际环境是非常严峻的，西方一些霸权主义国家千方百计遏制中国的崛起，从经济、科技、文化等方面给中国的发展设置了重重的阻碍。我们必须丢掉幻想，在大国的竞争中，只有以自强不息的奋斗精神作为支撑，才能自立于世界民族之林。

三、"自强不息"的奋斗精神体现在自强和不懈努力

自强不息，其一是自强，独立自主，不依赖，不等待，发挥人的主观能动性、创造性；其二是不息，就是不断地进取、奋斗。对个人来说，自强是自主之本；对国家来说，自强是强国兴邦之源。

今天，中华民族正处于从站起来、富起来到强起

来的征途上，要求我们把个人自强与民族自强复兴结合起来，艰苦创业、励精图治、不懈奋斗，一步一个脚印迈向中华民族伟大复兴的目标。

（一）自强不息要有刚健有为、积极奋斗的情怀

《易经》乾卦的卦象，六爻均为阳，是一个纯阳卦，象征原始的生命力，充满强大的正能量。《象传·文言传》曰："刚健中正，纯粹精也。"意为刚强劲健而居中守正，本身是纯粹不杂的精气。

《易经》的乾卦以太阳为象征，《象传·彖辞》曰："大哉乾元，万物资始，乃统天。云行雨施，品物流形。大明终始，六位时成，时乘六龙以御天。乾道变化，各正性命，保合太和，乃利贞。首出庶物，万国咸宁。"

《象传·彖辞》说：多么伟大啊，阳气的始生！万物因它而生，乃至天主导了天体的运行。它使天空布云施雨，万物开始了生长，在大地上显露出本来的形象；太阳终而复始的运行，使六个时辰处于美好的白天；乾卦的六爻，控制着天体的寒来暑往。天体的运行规律，让万物各自安顿本性与命运。万物保存聚合并处于和谐状态，才有利于坚守正道。阳气不但创

生出万物，而且使普世都获得了安宁。

这是一首"乾阳"的赞美诗篇。阳气是如此之伟大，它给万物带来了阳光雨露，使生命得以萌生。它给大地带来了能量，使宇宙得以运行；它给人类带来了光明，使社会保全安宁。阳气是如此伟大，刚健不息，寒来暑往，生生不息，赋予万物不同的性质和寿命。阳气是如此之伟大，阴阳平衡，万物保存聚合，和谐共存，使普世获得了安宁。"乾"卦的核心精神是刚健有为。这种刚健有为表现为如下几个方面：

第一，树立远大的志向，并为之努力奋斗。张岱年先生曾指出："在古代哲学中，与刚健自强有密切联系的是关于独立意志、独立人格和为坚持原则可以牺牲个人生命的思想。"孔子为了追求自己认定的目标，"学而不厌，诲人不倦""发愤忘食，乐以忘忧，不知老之将至"，成为坚韧刚毅、奋斗不止的精神写照。一个人无论在人生的哪一个阶段，都要有目标，先有一个远大的目标，然后逐步地实现目标，当一个目标实现以后，又提出一个新的目标，永无止境，直至生命结束的那一天。有多大的目标，就能干多大的事，心有多大，脚下的路就有多远，就有多大的进取动力。个人是这样，国家也是这样。习近平总书记提出了"两个一百年"的奋斗目标，就是我们奋斗的动力。

第二，在逆境中奋进，在挫折中成长。人生不如意者常有八九，不可能一帆风顺。身处逆境，遇到挫折是灰心、丧气、消沉，还是充满乐观的心态，勇敢面对，迎接挑战，其结果迥然不同。"艰难困苦，玉汝于成"，苦难是一种经历，也是人生的一笔财富，是对人生的磨砺，是对生活的感悟。孟子说："天将降大任于斯人也，必先苦其心志，劳其筋骨，饿其体肤，空乏其身，行拂乱其所为，所以动心忍性，曾益其所不能。"这就是善待磨难。

司马迁是史官世家。他的父亲司马谈也是汉朝的太史令。他们的祖上在周朝时就当过太史。司马谈计划写一部全面记述中国历史的"史书"。但由于工作量巨大，自己又年老多病，临终前郑重地嘱咐儿子一定要完成自己的这个遗愿。

正当司马迁进行了长达二十年的知识积累，开始写作这部历史巨著的时候，李陵事件发生了。当时朝廷专管刑法的廷尉杜周，为了迎合和讨好皇帝，竟

司马迁像

给无辜的司马迁判了"腐刑"(就是残害人的生殖器官)。遭受如此的酷刑,是人生的奇耻大辱。但他没有向命运低头,而是忍辱负重,以巨大的毅力忍受着来自各方面的鄙视与嘲讽的目光,经过了十四年坚忍不拔的艰苦努力,终于以自己的生命与血汗,完成了这部空前伟大的历史巨著。这部著作,当时称作《太史公书》,后人便称它为《史记》。

《史记》记述了我国古代传说中从黄帝开始直到汉武帝太初年间的历史。全书有五十多万字,分十二本纪、十表、八书、三十世家和七十列传。司马迁在《史记》中对历史的记述,既翔实细致、严格地忠于历史,又爱憎分明,有自己的立场和观点。他鞭挞黑暗、颂扬正义、反对贪暴、同情弱小。与此同时，《史记》里的人物描写和情节叙述也形象鲜明、栩栩如生，使它不但在史学上，而且在文学上，都具有重大的价值。

其实，一个人的成长必然会遇到挫折，甚至会遭受苦难。但苦难也是人生的财富，它可以磨炼人的意志。

人生能取得多大的成就，不是看他在顺境中能走多远，而是看他跌落低谷后能否站立起来。一个能看淡困境的人，必定是一个内心强大的人；一个能直面失败的人，必定是一个意志坚强的人。战国时期的苏秦年少时备受嫂嫂奚落，一事无成，但他自强不息，发愤图强，师从鬼谷子，后来挂六国相印；文天祥"受任于败军之际"，十三次将死未死，屡败屡战，自强不息，虽死犹荣，《正气歌》光照千秋。古代的苏轼说过："古之成大事者，不唯有超世之才，亦必有坚韧不拔之志。""坚韧不拔"是什么？就是自强不息的意志。

第三，树立自尊、自信和自进的志气。《易经》讲的自信，包涵着自身内心的强大，不依赖他人，不依附他人，有自尊、自信和自进的志气。当今有些年轻人自己不努力,依仗父母的福荫,这不是真正的成功。自尊、自信和自进一方面要靠自力更生、艰苦奋斗,但更为重要的是要战胜自身"人性中的弱点"。当今有些人可以说有才干、有魄力,但由于缺乏"定力",抵抗不了金钱、权力、美色、名声的诱惑,缺乏对自己"爱好"的警惕,而掉进了"陷阱"之中。

　　老子在《道德经》中讲"胜人者有力,自胜者强",意思是说,能够战胜别人的人叫作有力,而能够战胜自己的人则叫作强大。在一个人的发展过程中,有着两种超越,一种是对他人的超越,这种超越经过自己的艰苦努力,也许有一天是可以做到的;另一种是对自己的超越,这往往更加困难,需要自我反省、自我改过,不断地完善。首先,要不断地克服自卑、依赖、懒惰的心理,要有骨气、志气,要有自信心和乐观向上的心态。其次,要战胜人性的弱点,抵挡住名、利、色的诱惑。只有克服过度的贪欲,才能有"定力",才能经受考验。鱼之所以会上钩,是因为抵抗不了鱼饵的诱惑。猴子之所以落入猎人设下的圈套,是因为抓住洞里的食物不肯放手。正因为如此,老子讲"自胜者强",这可能是"自强不息"对人们提出的更高的、更深层次的要求。许多人可以战胜别人，但不能战胜自我，最后也失败了。

管子说："道德当身，故不以物惑。"意思是说如果自己道德高尚，就不会被外界不正当的东西所迷惑。

李商隐任泾原节度使王茂元的幕僚，负责蜀地人事工作。王茂元的小舅子长期候补，在爱妾的再三恳求下，王茂元答应，等到李商隐高兴时说这件事情。王茂元知道李商隐喜爱佩玉，两人正谈得投机时，王茂元随手将一块珍稀的佩玉赠给李商隐，李商隐自然十分欢喜。王茂元说："我有个小舅子没得到官职，贱妾常在耳边絮叨，我又不便出面说话，你不妨做个顺水人情？"李商隐沉吟片刻，一拱手，肃然地说："我如果那样做了，官场中就会传扬大人您是因为恩宠爱妾而指派官职，也会怀疑我李商隐因为贪恋大人佩玉而从中作弊。如此，小人们就会奔走钻营，仁人志士就会心灰意冷，以后想做成大事就难了。大人的佩玉，我李商隐不敢接受，大人所托恕难从命！"王茂元心悦诚服地说："你教会了我许多，王某受教了！"

在财物诱惑面前，李商隐以道德准则约束自己，认识到王茂元的做法于己、于人都危害极大，从而拒收玉佩，让人心生敬佩。印度有一则谚语："当金钱开始说话时，伦理和道德就会闭上嘴巴。"君子之德表现在不为财物所惑上，他们时刻担心的是自己的道德操守，考虑的是国家和社会的安危，在财物诱惑面前能够保持强大的定力而不致丧失道德。

（二）自强不息要坚持与时偕行的处世方式

《易经·文言》曰："终日乾乾，与时偕行。"时，指时机、时宜；偕，同俱。意为勤奋不休，顺应时势，与时俱进。

乾卦，以太阳作为象征，从太阳的运行中揭示了人的处世方式。朝阳是温和的、柔和的，富有朝气的。正午的太阳是猛烈的、刚强的，就是如日中天。夕阳则是温馨的、收敛的。乾，生动形象地描绘了太阳运行的发展阶段，也揭示了人的成长发展之道。"乾"体现的是一种注重势、时、度的处世方式。

乾卦的卦辞是这样的：

乾：元，亨，利，贞。

初九，潜龙勿用。

九二，见龙在田，利见大人。

九三，君子终日乾乾，夕惕若。厉无咎。

九四，或跃在渊，无咎。

九五，飞龙在天，利见大人。

上九，亢龙有悔。

用九，见群龙无首，吉。

《易传·象辞》曰："天行健，君子以自强不息。'潜龙勿用'，阳在下也。'见龙在田'，德施普也。'终日乾乾'，反复道也。'或跃在渊'，进无咎也。'飞龙在天'，'大人'造也。'亢龙有悔'，盈不可久也。'用九'，天德不可为首也。"

这段话的意思是说："天体运行刚健，君子效法自强不息。'潜伏的龙不能有所作为'，这是因为阳刚潜伏在下。'龙出现在田野上'，说明其美德广施于人间。'从早到晚都自强不息'，是在反复修炼其正道。'或者前进或者再回到深渊'，其实前进没有什么咎害。'龙飞上了天'，说明大人将有所作为了。'亢进的龙将有悔恨'，是因为阳刚盈满不会长久。'用九'，说明只有阳刚美德是不能自居为首的。"

在卦辞里，乾，用"龙"作为意象。"龙"腾云驾雾，象征有作为的人。龙要成长为"飞龙"，既要有坚定的意志，也要刚柔相济。这里描述了君子成长过程的六个阶段。

一是"潜"。潜龙的品性是能大能小，能屈能伸，能隐能显，年轻的时候精力充沛，充满阳刚之气。为什么要"潜龙勿用"呢？《易传·乾·文言传》曰："龙德而隐者也。不易乎世，不成乎名；遁世而无闷，不见是而无闷；乐则行之，忧则违之，确乎其不可拔，潜龙也。"孔子在这里对"潜龙"做了透彻的分析。孔子说："这就好像一个有龙德的人隐藏起来了，不为世俗所动摇，不为功名所迷惑；脱离世俗而不感到苦闷，言行不被人赞许也不感到烦恼；别人乐于接受的，就积极推行，别人有所迷惑的，就自己逃避。他的意志坚定不可动摇，这就是潜龙啊。"在人生的初创起步阶段，主要是积蓄力量，在学习、实践中增长才干，关键是耐得住寂寞，不要把名利看得太重，不要抱怨自己的才干没有人欣赏，不要为世俗而改变自己的志向，要审时度势，等候时机的到来。"潜龙勿用"是因为时机不成熟。诸葛亮在没有遇到刘备之前，潜心在草堂读书、思考，等待着时机的到来，正如小树苗未长大，不能成为栋梁一样。这个时候潜心等待和学习，才是成长的最好办法。在这个阶段切忌好高骛远，好出风头，应踏踏实实地打好基础，等待厚积薄发的时机。

二是"现"。这是人生的第二阶段。《易传·乾·文言传》曰："见龙在田，利见大人，何谓也？子曰：'龙德而正中者也。庸言之信，庸行之谨；闲邪存其诚，善世而不伐，德博而化。'"意思是说，巨龙出现在田野上，适宜见到大人。这是什么意思呢？孔子说："这是具有龙德的人而行中正之道。平常说话讲信用，平常做事要谨慎，防范邪恶以保持内心的真诚，行善于世而不自夸，德行广被而感化世人。"这个阶段阳刚渐正，初露头角，刚健得中，有利于"大人"的提携。要积极修养自己品德，做到言信、行谨、戒邪、存诚、善世、德化、诚信、忠诚，是立人之基，是取存他人信任的基础，这个阶段在工作岗位上要勤勉、辛勤地工作，适当地表现自己的才干，争取为他人、为上级所接纳。

三是"惕"。《乾传·文言易传》曰："君子终日乾乾，夕惕若，厉，无咎，何谓也？子曰：'君子进德修业。忠信，所以进德也；修辞立其诚，所以居业也。知至至之，可与言几也。知终终之，可与存义也。是故居上位而不骄，在下位而不忧。故乾乾。因其时而惕，虽危无咎矣。'"意思是说："君子整天勤奋不休，晚上警惕戒备，虽说有危险，但没有灾难。"这是什么意思呢？孔子说："这是君子增进德行、营修功业。忠诚并守信，就可以增进美德；修饰言辞以确保其真诚，由此可以守住基业。知道能够达到的目标，就努力去实现它，这样的人可以与他讨论几微之理；知道了事物的结果，就坦然地让它终止，这样就可以与他共同坚守正当作为。所以，身居高位而不傲慢，身居下位而不忧患。白天自强不息，晚上警惕戒备，虽说有危险但不会有灾难。"这是人生的第三阶段，面临的选择和诱惑也比较多，如职业、对象的选择，这是人生的关键时期，走错了一步，会影响一生。这时，关键是"惕"，即小心谨慎，以"进德修业"为主要任务。在"德"的方面，主要是忠信诚实、知进知退、不骄不忧；在"业"的方面，就是掌握一个专门的"技能"，做好人生的职业规划，选择好适合自己的职业，从而走上创业、守业的征途。这个阶段，可以说是事业走上了征途。正是在事业顺利发展之时，更要常怀戒慎警醒之心，从早晨直至黄昏都要审慎自己的言行得失，这样，即使遇到麻烦，也能逢凶化吉。人当事业顺利发展之时，容易忘乎所以，沾沾自喜，踌躇满志，这是要防止的，应该"终日乾乾，夕惕若厉"，小心谨慎，不要锋芒毕露，兢兢业业循正道去奋斗。

四是"跃"。《易传·乾·文言传》曰："'或跃在渊'，无咎，何谓也？子曰：'上下无常，非为邪也；进退无恒，非离群也。君子进德修业，欲及时也，故无咎。'"意思是说："'或往上跃升，或返回深渊'，都没有什么害处，为什么呢？孔子说：'是上是下没有定准，不是有什么邪恶之心；是进是退也没有定，但不离开自己的同类。君子增进德行，基修功业，要不失时机，所以没有咎害。'"从"跃"到"飞"只有一步之遥，但仍然处于"路漫漫其修远兮"的探索路段，这个时候能进能退，能上能下，关键在于把握好时机。"跃"要根据自己的实力，确定合适的目标，这个目标是"跳起来摸得着"。时机如不成熟，则耐心等待；时机成熟，可以跳跃努力。

五是"飞"。这是君子大显身手的时机已经成熟,是"龙"最佳的位置和时机,此时要展现自己的才华,干一番大事业。《易传·乾·文言传》曰:"'飞龙在天,利见大人'何谓也?子曰:'同声相应,同气相求。'"意思是说:"'飞龙上了天,有利于大人出现'什么意思呢?孔子说:'有共同语言的人互相感应,有共同气息的人互相求和。'"经过了潜龙→田龙→跃龙→飞龙这样的修炼过程,终于可以腾云驾雾,云行两施了,得到了众人的支持和拥护,有一呼百应之势,这时就要努力干一番大事业。

六是"亢"。"亢"是极度、过甚。《易传·乾·文言传》曰:"'亢龙有悔',何谓也,子曰:'贵而无位,高而无民,贤人在下位而无辅,是以动而有悔也。'"意思是说:"'龙居于极点,还想向上飞去,必会有悔恨。'这是什么意思呢?孔子说:'尊贵而没有实位,崇高而没有百姓,贤人在下位而不去辅助他,所以如果再轻举妄动则必会有悔恨。'"刚进有才之士,要适可而止,知足则止,要谨防功高盖主、权势过大而引来灾祸。老子说:"功成名遂身退,天之道。"在现实中,功成身不退的大有人在。有些人自以为是，骄傲自满，骄奢淫逸，结果必然走向衰落。有些人因贪恋官位、名位而不懂进退之道，最后落得一个灰溜溜的下场。一个人已经到达人生事业的最顶峰，高处不胜寒，应该往下走，考虑身退了，切莫贪恋权势、享乐和私利。假如赖在高位昏庸处事，则随时都有从高处摔下来的可能，"功成名遂身退"，还要有功不居、有名不持，不要迷失人的本性，懂得保全之道。

乾卦告诉我们，刚强、执着、奋斗必须以实力来支撑，没有实力而争强好胜，必然碰得头破血流；刚强有为也要把握时机，机遇垂青于有准备的人，机遇来时要奋勇一搏；刚强有为要懂得进退之道，功成身退才是保全之道。刚毅有为不是一种鲁莽、逞强，而是一种顺势而为。

（三）自强不息要有勤奋向上、永不懈怠的意志

《易经》乾卦的卦辞是："元，亨，利，贞。""贞"，是坚守正途，进而恒久不息。《易传·乾·象辞》曰："终日乾乾，反复道也。"即整天勤奋不休，君子在大道反复修炼。自强只有在"生命不息，奋斗不止"的基础上才能真正地实现。为

此，在前进的道路上，要不断地克服懈怠。

孔子在教导其弟子子张时，曾告诫他说，必须做到"居之无倦，行之以忠"（《论语·颜渊》）。其含义指的是，在其位要谋其政，不懈地努力，对于已定的政令要忠诚地履行，也即意味着他必须以一颗进取的心从事他所管理的政务。"倦"是一种常见的现象，通常所说的"疲劳感"。比如"身体疲劳""工作疲劳""审美疲劳"，疲劳常带来的是"倦"，进而发展为懒惰，不思进取。自强不息就是要克服懈怠之情绪。

中国科学院院士陈俊武先生，70年矢志不渝潜心搞研究，直到90岁高龄仍然坚守在科学领域。生命不息，奋斗不止。他说："回忆逝水流年，事业与家庭顾此失彼，因为有所为而有所成，因有所为而有所失，但得大于失，我无怨无悔。一生痴心科学技术的追求，使我在一定程度上成了孤独者，但我后来在石化工业领域做出了一定的成绩，可以说也算是梦想成真，我无怨无悔。我到了法定退休的年龄后，又为国家工作了30年，一生未曾得闲，固然有遗憾，但我在科学攀登的道路上得到了快乐，得大于失。耄耋之年，自己尚且能为国家做一些该做的贡献,我无怨无悔。"

三个"无怨无悔",是陈院士对自己一生的总结,也是这位老科学家对自己从事的科研事业永葆的热忱。他一生坚持的价值,诠释了"事贵有恒"的成功定律。

还有这样一位科学家也是爱国奋斗的典范。

钟扬,复旦大学植物学家,人称他为"钟大胆"。他最喜欢干的一件事,就是上青藏高原采集各种珍稀植物的种子,一忙起来睡觉也顾不上。别人定闹钟都是为了提醒起床,可他在半夜三点给自己定了一个闹钟,就是为了提醒自己:放下手头的活儿,该睡觉了。

钟扬用一辈子去追他的"种子梦"。他用生命的最后16年在高原上的无数次弯腰,换来了4 000万颗种子的"宝藏"。他留下的一支"精锐部队",让我们在进化生物学领域能够与日本、欧美三足鼎立。

生命无法永恒,奋斗者的精神却能不朽。钟扬留下了4 000万颗种子。现在,这个数字还在不断增长。这4 000万颗种子,不仅是青藏高原的青松翠柏,也不仅是地质宫里不灭的明灯,而是我们心里的希望，是远方的梦想，是我们脚下的路。

一个人的成功是由理想、热情、勤奋、专注、灵感组成的链条，正是由一次次的努力，长年累月的坚持，才到达成功的顶峰。

人世浮沉如电光石火，盛衰起伏，变幻难测，如果你有天赋，勤奋则使你如虎添翼；如果你没有天赋，勤奋将使你赢得一切。命运掌握在那些勤勤恳恳工作的人手中。推动世界前进的人并不是那些自以为自己是"天才"的人，而是那些智力平平而又非常勤奋、埋头苦干的人；不是那些自以为天资卓越而不甘付出的人，而是那些不论在哪一个行业都勤勤恳恳、劳作不息的人们。

自强不息在于坚持、坚守。也就是毕一生的精力做好一件事。人与人之间的差别，论天赋、条件其实并不大，差别在于你能否认定一个目标，矢志不移，一辈子一件事，把一件事做到极致，这就能成为过人之处，也从平庸变成了卓越。

著名诗人陆游一辈子只做一件事，那就是写诗，他"六十年间万首诗"，平均每隔三天就写一首。对他来说，坚持写诗就和吃饭、睡觉一样重要。他笔耕不辍的一生，就是一首写不完的诗。陆游的诗不但数量多，而且句句精美。你所能想到的场景，他都可以用诗给你表现出来。他写体恤民情："民穷丰岁或无食，此事昔闻今见之。"他抒发理想："何方可化身千亿，一树梅花一放翁。"他讲人生哲理："纸上得来终觉浅，绝知此事要躬行。"他守道德情操："零落成泥碾作尘，只有香如故。"他记乡村风景："山重水复疑无路，柳暗花明又一村。"他发心中愤怒："丈夫五十功未立，提刀独立顾八荒。"他叹民族节气："楚虽三户能亡秦，岂有堂堂中国空无人！"……

人们只看到信手拈来的诗句，却不知背后付出的血汗。世人皆以陆游是12岁便能作诗文的天才，但对他来说，"人情冷暖可无问，手不触书吾自恨"，他只不过是多刻苦、肯坚持罢了。

真正的坚持，不是短暂的选择，而是长时间的行动。一件事，坚持一周是心血来潮，坚持一年是喜欢，坚持一生，才是深到骨子里的热爱。

对陆游来说，坚持，是一生不变的信条。

《孔子讲学图》 任梦龙 画

第三讲 「厚德载物」的包容精神

曹操写了一首《短歌行》，其中有几句是颂扬周公的大德：

月明星稀，乌鹊南飞。

绕树三匝，何枝可依？

山不厌高，海不厌深。

周公吐哺，天下归心。

周公，姓姬名旦，父亲为周文王，哥哥是后来的周武王。周公极为孝敬父亲。文王死后，他又尽心竭力辅佐哥哥武王。

周武王把鲁地封给周公，但他没有到鲁地就职，而是留在朝中继续辅佐武王。武王死后，武王的儿子成王继位。当时，成王的年龄很小，无法执掌朝政，周公和召公一起总摄国政。

周公让儿子伯禽去鲁国上任。伯禽临行前，周公

告诫他说:

> 我文王之子,武王之弟,成王之叔父,我于天下亦不贱矣。然我一沐三捉发,一饭三吐哺,起以待士,犹恐失天下之贤人。子之鲁,慎无以国骄人。(《史记·鲁周公世家》)

意思是说:我是文王的儿子,武王的弟弟,成王的叔叔,受命辅政,可以说是天下举足轻重的人物了。可是,我却常常要中断洗澡,多次吐出口中的饭,匆忙起身去接待来访的人,生怕错过了天下的贤士。你到了鲁国以后,一切都要谨慎,不要因为自己拥有封国,就傲慢而不尊重人才。

《周公吐哺》 李晓白 图

后来周公平定叛乱，践履诺言，还政于成王。

周公于家孝悌、于国精忠、于人宽厚，集大德大功大治于一身，被儒家称为"元圣"，奉为厚德载物的楷模。

"自强不息"与"厚德载物"可以说是联系最紧密的中国精神，二者相辅相成，共存共济，合之则两美，离之则两伤。《易经》在以"乾"为首时，接着又讲要靠"坤"并建。"乾"是"资始"，"坤"是"资生"；"乾"是"统天"，"坤"是"顺承天"，各自发挥着协调的功能。

"乾"代表充沛无比的生命力，"坤"代表广大无边的包容力。

自强不息与厚德载物，分别强调了欲有所成者应具备的两种不同品德。"乾"讲的是天德，刚健有为，奋斗不息；"坤"讲的是地德，广大深厚，包容万物。

君子以生生不已、健行上进的进取精神仿效天，以含弘光大、容载万物的谦卑精神取法地。

梁启超先生在清华大学的演讲中说：

坤象言：君子接物，度量宽厚，犹大地之博，无所不载。君子责己甚厚，责人甚轻。孔子曰："躬自厚而薄责于人。"盖惟有容人之量，处世接物坦焉无所芥蒂，然后得以膺重任，非如小有才者，轻佻狂薄，毫无度量，不然小不忍必乱大谋，君子不为也。当其名高任重，气度雍容，望之俨然，即之温然，此其所以为厚也，此其所以为君子也。

中华文化的一个重要特征是开放、包容、神气。华夏儿女祖先的图腾崇拜是龙，龙是现实世界中我们没有见过的动物，是古人想象、创造出来的图腾，但龙是不同图腾的融合，它鳞似鱼、爪如鹰、角似鹿、鼻似狮、身似蛇、耳似牛等，它融合诸种动物的特征于一身，我们引以为豪称中国人是"龙的传人"，这就是说中华民族历来不自傲、不强权，即使自己强大了，也没有欺负他国，从没有殖民他国，而是以开放、包容的态度，向他人学习，取长补短。近代以来，西方文化强势输入中国，从魏源提出的"师夷长技以制夷"起，中国人就踏上了学习西方文化、融合西方文化，并再造中国文化新形态的征程。改革开放40多年，我们更是如此，借鉴和吸收了人类共同的精神文化，引进了西方的科技、管理科学。可以说，中国文化的发展过程就是一个开放包容的过程，开放包容、融异铸新是中华文化充满生机活力之源。

那么,"厚德载物"包容精神的内涵是什么?有何现实意义?今天,我们如何"厚德载物"?下面,结合《易经》的坤卦,逐一进行讲解。

一、"厚德载物"的包容精神来自《易经》的"坤"卦

坤卦为六十四卦的第二卦,卦画为☷,六爻纯阴,代表天上、地上、人间、至柔、至顺,象征大地,厚实和顺,广阔无垠,有容载万物的美德和气度。

《易传·象辞上传》曰:"地势坤,君子以厚德载物。"厚,即深厚、博大的意识;厚德,就是厚植道德,使之具有大善大德、仁厚博爱的品行。载,就是承载、承担的意思。物,是指人间的一切事物、一切财富、一切名利地位的总称。"厚德载物",意思是说,君子应效法大地的宽广和柔顺,做到虚怀若谷,厚植美德,用宽广的胸怀,容载万物。

坤卦的《象辞》曰:至哉坤元,万物资生,乃顺

承天。坤厚载物，德合无疆。含弘光大，品物咸亨。牝马地类，行地无疆，柔顺利贞。君子攸行，先迷失道，后顺得常。西南得朋，乃与类行。东北丧朋，乃终有庆。安贞之吉，应地无疆。

大意是说：坤的美德至极啊，配合天开创万物的大地！万物依靠它承载，它顺从禀承天的志向。地体深厚而能普载万物，德性广合而能久远无疆。它含育一切使之发扬光大，万物亨通畅达遍受滋养。雌马是地面动物，永远驰骋在无边的大地上。它柔和温顺，利于守持正固。君子有所前往，要是抢先居首，必然迷入歧途偏失正道；要是随从人后，温和柔顺就能使福庆久长。在西南方向得到朋友，就与志同道合者一同前往；在东北方向失去了朋友，最终还是得到了喜庆。安顺守正的吉祥，正应合大地的品德广阔无边。

坤卦所讲的大地的品德，大约包括三个层面的含义：一是承天而资生万物，其最大的特性是"生生不息"；二是敦厚、宽广而普载万物，是人和物赖以生存、发展的土壤，它宽厚博大的胸怀，它为万物提供养分而默默无言，为人类贡献了资源而不求回报；三是滋养、光大万物，却不以为有功、有自傲，永远保持谦虚的品性。

宋代哲学家张载说"察天行以自强，察地势以厚德"，以自强立身，以厚德处世，是君子的人格体现。自强不息是自立之道，厚德载物是立人之道，既成就他人，也成就自己。中国的传统文化一直以包容为美德，《左传》说："君子有容人之量，小人存嫉妒之心。"明代的薛瑄说："唯宽可以容人，唯厚可以载物。"人假如能效法大地，培养宽厚的品德，不但能利人，最终还能利己。

二、"厚德载物"的包容精神是中华民族宽广的道德情怀

理解"厚德载物"，首先要弄清什么是"德"。

（一）汉字对"德"字的解读

汉字的德字，甲骨文为𢖻，左边为"彳"，表示行走的道路，右边是一只眼睛，眼睛上面有一条垂直线，表示目光直射，寓意行为要正，且目不斜视，会视正行直之意。金文为𢛳，"目"下面多了一个心字，表明目正、心正才算是德。小篆为德，右边的上

方变成了"直",意思就是心正直为德。

德的异体字为"悳",《说文·心部》:"悳,外得于人,内得于己也。""内得于己",即反省自我,端正心性。"外得于人",即在正直原则的基础上,身体力行。《说文·彳部》:"德,升也。"即德者升闻天下,为人性之所行。"德,得也。"德以"得"为目标和价值取向,德又是"得"的手段和途径。德的本义是行得正,心真诚,表里如一,后引申为道德、恩德、品行等。

"道德"一词,最早可以追溯到先秦思想家老子所著的《道德经》中。老子的《道德经》,上篇为《道经》,下篇为《德经》。他在《道德经》中讲:"从事于道者同于道;德者同于德;失者同于失。同于道者,道亦乐得之;同于德者,德亦乐得之;同于失者,失亦乐得之。""道生之,德畜之,物形之,势成之。是以万物莫不尊道而贵德。道之尊,德之贵,夫莫之命而常自然。"老子在这里说,由道来产生,由德来充实,由物质来赋形,由具象来完成。因此万物无不尊崇道而重视德。道受到尊崇,德受到重视,这是没有任何命令而向来自然如此的。"道"是宇宙的来源，是事物、运动发展的内在规律，"德"是"道"的外在表现形式，是人对"道"的获得和把握，东汉经学家刘熙曾将"德"解释为："德者，得也，得事宜也。"意思是说，把人与人之间的关系处理得合适，使自己和他人都有所得就是德。今天，"道德"一词已被广泛使用，并赋予丰富的含义。道德，不仅指调整人与人、人与物之间的行为准则和规范，有时也指道德观念、行为、品质、修养、善恶评价等。通常我们把只涉及个人、家庭关系的道德，称为私德；涉及社会公共生活的道德，称为公德。今天，公民道德建设领域包括个人品德、家庭美德、职业道德和社会公德四个方面。

　　"德"是中国伦理的核心概念，儒家、道家都从不同的角度加以阐述。管子提出国有四维："礼、义、廉、耻"，儒家概括为"五常"："仁、义、礼、智、信"，《中庸》提出了"三达德"："智、仁、勇"，现代革命先行者孙中山则提出了忠孝、仁爱、信义、和平。"德"的内涵随着时代的发展不断地丰富和发展。

（二）"厚德载物"的包容精神体现了地德与人道的内在统一

人要厚植道德去承载万物，这个"物"包括正确处理人与自然界的万事万物的关系，更为重要的是恰当处理好人与人之间的关系，"载物"必须以"德"为依据，有多大的德才能承载多大的物。"厚德载物"有三个要求：

一是以德"载"物，这个"载"是要求德与物的相互匹配。《易传·系辞·下传》曰："子曰：'德薄而位尊，智小而谋大，力小而任重，鲜不及矣。'"孔子说：才德浅薄而身居高位，智慧狭小而图谋大业，能力不及而身负重任，这样很少有不招来灾祸的。这就是"量力而行"。德是一个人的肩膀，"物"则是一副担子。一个人所拥有的财富、名声、地位等，都必须用道德去获得和积累。只有用"德"去承载，才会带来长久和吉祥。否则，就会出现"德不配位"的现象，即所获得的财富，所得到的地位，与他的品行、品德不相匹配。一个人的名利地位及各种财富与品德不匹配，会使人难以承受。对一个人来讲，他所拥有的财富，既是福分，同时又是一种重负；福分越大，重负就越大。这种重负如果没有厚德来承载，担不起这个财富或地位，就会对自身造成危害。俗话说："小富靠勤，大富靠德。"一个人要大富大贵，假如没有远大的目光、宽广的胸怀、高超的智慧、高尚的人格，是不可能做到的，即使一时能大富，但也富不长久。改革开放40多年来，许多企业家经受了市场经济大浪淘沙的洗礼，至今还处于不败之地的寥寥无几。这说明了一个道理：要发财先养德。

二是要以德化物。《大学》对德与财的关系，有两句经典的话："德者，本也；财者，末也。""仁者以财发身，不仁者以身发财。"这就是说，道德是根本，财富是末节。仁德的人利用自己的财富来实现自己的理想，不仁的人却滥用自身的条件去拼命地发财。这是一种本末倒置。德既是我们获取财富的手段，又是我们实现人生价值的目标。当下的一些人往往忘记了初心，忘记了人生为何出发和要达到的目标，有的人拼命地赚钱，过度地透支体力和精力，结果用赚到的钱去医治身体，有的甚至失去了宝贵的生命。

三是要以德取物。儒家主张见利思义、以义取利，在利义不能兼得的情况下，宁可舍利取义。这就是要求我们要防止出现物的异化，防止把"物"作为唯一的追求目标，不能像有些人所说的："我是一个商人，不能用道德去绑架。"作为一个商人，追求功利并没有错，但首先必须用"德"的手段去求财，其次必须知道财的用处。"厚德载物"要求我们用符合道德的手段去获取财富，同时也用道德去聚财、用财，充分地发挥财的社会意义。

所以，追求钱财、追求名利地位，一定要通过造福社会、造福大众的方式来获得，一定要符合人世间的道德准则。即使得到了财富或权力，也不能忘乎所以、为所欲为。因为财富和权力既能用来做好事，也能用来做坏事，所以，只有那些品德高尚，在任何情况下都能坚守做人原则的人，才能不被名利所伤，才能用他的权力和财富更好地造福大众、造福社会。这才是一个人真正的荣耀和福分！

三、"厚德载物"的包容精神是君子人格的道德风范

中国是一个多民族的国家，五十六个民族有不同

的方言，有不同的生活习俗，在中国历史上虽然也有过冲突，但其主流是和谐、统一和融合的，这归功于"厚德载物"的道德情怀。

《易经》最早提出了君子人格修养的内容是"进德修业"。《易传·文言传》乾文言中说："子曰：'君子进德修业。忠信，所以进德也；修辞立其诚，所以居业也。'"孔子说：君子要增进德行，营修功业。忠诚和守信，就可以增进美德；修饰言辞可以表达自己诚实的心，所以能够守住基业。《易经》在这里讲述了"进德"与"修业"的关系。"进德"是基础，只有修养好自己的"德"，才能守住基业。

《易经》认为"进德"也是建立和谐的人际关系的准则。"坤"卦的《文言》曰："君子敬以直内，义以方外，敬义立而德不孤。"意思是说君子以严肃的态度持守内心的真诚，以正当的方式规范言行的表现。做到既严肃又正当，他的德行就不孤单了。后来，孔子在《论语·公冶长篇》中说："德不孤，必有邻。"指出了有道德的人不会孤单，一定会有志同道合者和他做伴。孔子在这里把德行作为最大的亲和力，德高必然望重，道德具有最大感召力，所以品德高尚的人能够得到人们的拥戴。

《易经》还强调立德是一个人立身、立业之本。

《易传·文言传》坤卦曰:"君子黄中通理,正位居体,美在其中,而畅于四支,发于事业,美之至也。"意思是说,君子以黄色中和的美德居于中位并通达事理,处于正确的位置,美德存在心中,畅流四肢,发达于事业,这是美的最高境界了。《易经》把德作为一个人的内在之美,只有内在的源头活水,才能表现于外在的行为,再推广到他的事业。事业的成功,取决于德的修为,"美之至也",表明了美德是美的理想境界。厚德载物这种大境界有如"敕勒川,阴山下。天似穹庐,笼盖四野"那样的广阔无垠,有如"大漠孤烟直,长河落日圆"的雄深北阔,有如"上有六龙回日之高标,下有冲波逆折之回川"的雄伟险峻,正是由于有大地崇高之美的大境界培育了中华民族"会当凌绝顶,一览众山小"的大视野,才会有乐于包容万物、不断增厚美德的大胸怀。

《易经》在这里指出了德是一个人的立业之本、立身之基、美的内在源泉和建立和谐人际关系的方略。

四、效法大地之德,塑造人的道德品质和情操

"自强不息"是天德对人德的要求,"厚德载物"则是地德对人德的要求,两者起到互补的作用,是刚与柔的相济,动与静的互补。那么,我们如何把"厚德载物"落实到我们的生活中呢?主要要做到如下几点。

(一)"厚德载物"的包容精神要有方正的品性

"坤卦"的爻辞为:

"初六,履霜,坚冰至。

六二,直、方、大,不习无不利。

六三,含章可贞。或从王事,无成有终。

六四,括囊,无咎无誉。

六五,黄裳,元吉。

上六,龙战于野,其血玄黄。

用六,利永贞。"

《易经》的坤卦爻辞形象地描绘了当秋天来到,霜霭初降,草长花黄的收获季节,人们秋郊牧马的景象,以赞美大地载负万物的博大,以正直、方正、大度,比喻大地的品德。"六二,直、方、大,不习无

不利。"直、方、大概括了大地的特征，平坦又方正，广阔又博大。人也应向大地学习，做到直、方、大。"直"，就是忠诚、正直、专一。"方"就是方正，讲原则，守规矩，内方外圆，既公道正派，又能灵活巧妙地协调多方；"大"就是辽阔，要有大胸怀、大度、大量。古人认为天圆地方，天笼罩着大地，大地以它方正的品质和胸怀，接纳天的阳光雨露，从而生长万物，这是大地的独特品性。

《易传·文言传》曰："坤，至柔而动也刚，至静而德方。"意思是说："坤，至为柔顺，但动起来也很刚健，至为柔静，但它的品德像大地一样方正。"大地的柔中有刚，正如女性柔弱，为母则刚。大地是柔静的，但也是方正的，是按照规律去运行的，是承受天的时序去运行的。

《易传·象辞》曰："六二之动，直以方也；不习无不利，地道光也。"意为：六二爻的变动，表现出她的正直、方正的品质；不必修习却无不利，是因为大地柔顺之道发出了光芒。

《易传·文言传》对方正的内涵又做了进一步的阐述，曰："直其正也，方其义也。君子敬以直内,义以方外,敬义立,而德不孤。""坤至柔而动也刚,至静而德方,后得主而有常,含万物而化光。坤道其顺乎?承天而时行。"这段话的意思是说,"直"就是心存正直,"方"就是行为适宜。君子敬畏地品德正直,以适宜的方式对外交往,"敬"和"义"确立起来以后,其德行就不孤立了。"坤"是最为柔顺的,然而它却可以变得极其刚健;坤是安静的,但它的品德却是方正不邪。它是顺着乾阳运行的,但却有着自己的一定之规。它包容万物,化生的功能广大无边。坤道便是顺应之道吧?它顺应天道的四季运行。在这里,指出了"大地之德"就是正直、方正、守规。正守规,即"敬以直内,义以方外",即以严肃的态度持守内心的真诚,以正当的方式规范言行的表现。这就是坚持原则性,按规矩办事。用今天的话来说是遵守法律和纪律,不徇私情,不盲目地执行违背事实的指令,更不对上曲意逢迎,吹牛拍马,当发现领导有不恰当的行为时,也敢于仗义直言,委婉地给予劝诫。

春秋时的齐景公,非常喜欢听别人说他的好话。俗话说,喜欢坐轿子的人,必然有抬轿的人。一天,齐景公在宫内宴请一些文武大臣们，酒足饭饱后，他又兴致勃勃地带领众人去靶场玩射击，想一展自己高超的箭法。

每当他射出一支箭后，站在他身边的大臣们都会大声喝彩道："好箭，好箭啊！"即使射不好，大臣还是不断地喝彩，让齐景公感觉有些不爽，觉得他们是故意在喝倒彩，自己竟然听不到一句真话，于是很不高兴地草草收场。

第二天，齐景公将昨天发生在靶场上的事情，说给了当时没有在场的臣子玄章听。玄章为人耿直，是少数不喜欢捧赞齐景公的人之一。玄章听后说道：

《玄章退赐》　丘玮　画

"这事不能全怪他们哪！""他们睁着眼睛说瞎话，不怪他们，难道怪我？"齐景公不高兴地回应道。"是的，怪大王你自己！"玄章直言不讳说道，"大臣们都是在上行下效啊，他们知道大王喜欢听好听的话，于是大王喜欢什么，他们就会说什么。大王喜欢被奉承，他们自然也就会想着法子处处奉承您哪！"

齐景公听完玄章的这番话后，虽然当时有些不高兴，但回来后细想，觉得有理，于是派人给玄章送了一些赏赐，以嘉奖他敢说真话，鼓励大臣们大胆讲真话。但让齐景公没想到的是，这些赏赐玄章竟然全部原封不动地退了回来。

"难道你觉得这些赏赐给少了吗？"齐景公把玄章叫到跟前质问道。"当然不是，大王给的赏赐很丰厚，足以保我们全家两三年的开销！"玄章心不慌气不忙地回道。"既然如此，那么你为什么不愿收下呢？"齐景公追问。玄章回答道："那些奉承大王之所以不愿据实说真话的人，不正是想从您那里得到一些好处和赏赐吗？如果今天我接受了大王的这些赏赐，那岂不是跟他们一样了吗？"齐景公听后恍然大悟，立即收回那些赏赐，此后也改掉了爱听好话的毛病。

这个故事体现了玄章的正直、刚正，他是一个有德行的人。

（二）"厚德载物"的包容精神要有涵容一切的胸怀

《易经·彖辞》传曰："至哉坤元！万物资生，乃顺承天。坤厚载物，德合无疆。含弘光大，品物咸亨。"

这段话的意思是说，坤的美德至极啊！阴柔使于坤，万物依赖它得以生存，它顺应秉承于天。坤德敦厚负载万物，它的恩德久远无边。它包含一切并使之显赫盛大，万物都顺利地成长。

"含弘光大"，"含"是无所不包，"弘"是无所不有，"光"是无所不著，"大"是无所不被。为此，厚德是一种宽广的胸怀，是一种厚道。

《易传·彖辞》曰："用六永贞，以大终也。"意为坤卦整体上可以永久正固，是因为以大作为终结。乾创始万物，坤接纳万物，犹如大地把一切都安顿好，把上天交给的使命都加以完成。要实现这样大的格局，则要靠永贞。

古往今来，许多名人学士都赞美包容的胸怀。法国著名作家雨果说:"世界上最宽阔的是海洋,比海洋更宽阔的是天空,比天空更宽阔的是人的胸怀。"我国明代学者吕坤说:"大其心容天下之物,虚其心受天下之善,平其心论天下之事,潜其心观天下之理,定其心应天下之变。"大其心是虚心、平心、潜心、定心的基础和前提。大凡举大事,成大业者,一定是心胸广大的。一个人的心量的大小与事业的大小成正比。

古人说:"肚量如同藏金库,量大福大不可量;天包万象天宽大,地藏万物地无疆。"

一滴墨汁落在一杯清水里,这杯水立即变色,不能喝了;一滴墨汁融在大海里,大海依然是蔚蓝色的。为什么呢?因为两者的肚量不一样。

南北朝的沈麟士就是个有肚量的人,凡事看得宽。

有一次,邻人一口咬定沈麟士脚上穿的,正是他早几天丢失的那双鞋。

沈麟士说:"是您的鞋吗?"立即脱下给人家,自己赤着脚。过了不久,邻人发现是自己搞错了,又将鞋送还给沈麟士。

苏东坡对沈麟士的肚量很赞赏,认为"处事当如沈麟士"。

处世为人，要有肚量，要有气度，对别人的批评、误会，或者冒犯等，都要看得宽，有容人之雅量。

肚量大，看得宽，可以避开人生路上的很多深沟险坑，这样的人，往往无心求福而得福，不求避祸却无祸。

包容说起来容易，要做到却是很难，需要经过一番修炼。那么，如何使自己包容的胸怀更开阔呢？

首先要能容人之"短"，即一时的过失。

春秋五霸之一的楚庄王，一次夜宴将相，恰逢阵风吹灭蜡烛，有一个人趁黑摸了王妃的手，王妃揪下其帽缨并报告楚庄王。楚庄王略作思考，即命百官都自摘帽缨，其后燃烛再饮，史称"绝缨会"。两年后，楚国与晋国交战，一楚将骁勇无比，连斩五名敌首。楚庄王嘉其勇，该将答曰："'绝缨会'上承蒙不杀之恩，当尽忠相报。"

正是宽容，解救了一念之差犯下错误的猛将，楚庄王亦以其宽宏大量而成就一代霸业。

三国时期，袁绍出兵讨伐曹操时，曾命陈琳写讨曹檄文，陈琳的檄文从曹操的祖父骂起，一直骂到曹操本人，贬斥他是古今第一"贪残虐烈无道之臣"。

当时曹操让手下念这篇檄文时正犯头疼病，听到要紧处不禁厉声大叫，惊出一身冷汗，头竟然不疼了。可见此文的确戳到了曹操的要害。袁绍灭亡后，陈琳被捕，但曹操怜惜陈琳的才华，不仅宽恕了他，还命他为自己做事，陈琳大为感动，从此尽心辅佐曹操，成就一代伟业。

俗话说："金无足赤，人无完人""十个手指有长短"。我们应该包容不完美。我们对待他人的过失或错误，要看他的动机、性质和危害程度，多换位思考，多给改过的机会，多给予善意的帮扶，要防止"一棒子打死"和"全盘否定"。而在社会上要建立一种宽容、宽厚、宽松的环境，难度就更大了。由于缺乏一种"容错"机制，人们往往小心翼翼，宁愿做"太平官"，也不想去担当。现在，在一些人身上缺乏担当，不敢作为的现象是存在的，大多是怕担责，担心"秋后算账"，这也是值得我们思考的问题。

其次要能"容人之长"。嫉妒可以说是人的天性。"容人之短"往往容易做到，但"容人之长"要有更宽广的胸怀和境界。我们常说"文人相轻"，这往往是由于文人自视过高，嫉妒心在作怪。《三国演义》中的周瑜可以说才华出众,可惜有一个致命的弱点,那就是气量小,不幸遇到了"智多星"诸葛亮,诸葛亮"三气周瑜",活活"气死"周瑜。周瑜发出了"既生亮,何生瑜"的悲叹!一个人如果不能容纳比自己能力强的人,甚至发展到妒贤嫉能,这就超出了心量的问题而成为品德问题。《水浒传》中的梁山泊白衣秀才王伦,由于不能容人,结果落得个身首异处的下场。可见,气量的大小不仅关系个人事业的大小,而且关系个人的安危、事业的成败。

(三)"厚德载物"的包容精神要有谦逊的风度

坤代表着大地,《易经》认为"天尊地卑",大地天生有谦卑的品性。

坤卦的爻辞"六三,含章可贞"。"含"为包含。"章"为华美。"含章",即把才华隐藏起来。"含章可贞",表示有才华也不外露,不居功自傲,可以得到吉祥。

《易传·象辞》说:"'含章可贞',以时发也;'或从王事',知光大也。"说的是不过分、不张扬地表现自己的才华,隐藏自己的聪明才智以待时机。

坤卦的《文言传》说:"阴虽有美,含之;以从王事，弗敢成也。地道也，妻道也，臣道也。地道无成，而代有终也。"意思是说，阴柔虽然有美德，只能是含蓄地为君王做事，不能以成功自居。这就是地顺承天、妻顺承夫、臣顺承君的道理。坤地的道理就是成功不能归自己，而是替天行事才会有好的结果。

《易经》一个卦叫"谦"卦，是唯一一个六爻皆吉的卦。

《易传·系辞》："谦也者，致恭以存其位者也。又，谦者，德之柄也。""谦"的特征是能容，作为品德来讲，则是德行忠厚。假如待人、待事、待物能做到谦虚，必然诸事顺利。

谦逊是包容的前提，一个人只有谦逊，才能看到自己的短处、别人的长处，从而博采众长。"谦"，从言，"言"为语言，从兼，"兼"有兼顾、兼容、包容之义。"言""兼"为"谦"，表示"兼听众人之言"而集思广益，也就是说一个人为人处世要学会包容。所以《易经》"谦"卦象辞曰："君子以裒多益寡，称物平施。"意思是说，谦谦君子善于损有余而补不足，使万物之道公平自然。正所谓"草木有情皆长养，乾坤无地不包容"。这是说大自然的包容。包容就是和谐,就是与万物同生长。

《战国策·齐策一》记载了战国时期齐国谋士邹忌劝说齐威王纳谏,使之广开言路、改良政治的故事。

邹忌身材修长,仪表堂堂,照着镜子颇为自得。他先后问妻子、侍妾和客人,自己和齐国有名的美男子徐公相比谁更美。妻、妾和客异口同声地认为他比徐公美。邹忌见到徐公后才知道,自己远不如徐公美。妻、妾和客显然由于各自的原因,没有对邹忌说实话。邹忌想到齐王的处境其实如自己一样,于是入朝向齐王进谏。

《邹忌讽齐王纳谏》　丘玮　画

《齐国宁为玉碎》 丘玮 画

邹忌向齐王讲自己的切身体会，用类比推理、推己及人的方式讲出"王之蔽甚矣"。他说："吾妻之美我者，私我也；妾之美我者，畏我也；客之美我者，欲有求于我也。"他说：妻子说我美，是因为偏爱我；妾说我美，是因为怕我；客人说我美，是因为有事求于我。他先叙述了妻、妾、客蒙蔽自己的原因，再从自己的生活小事推及治国大事，说明齐王处于最有权势的地位，因而所受的蒙蔽也最深。

齐王虚心接受了邹忌的谏言，立即发布政令，悬赏求谏，广开言路，对于关心国事、积极进谏者，分不同情况给予奖赏。齐王纳谏之后，齐国果然发生了可喜的变化。

喜欢听赞美之话、恭维之话是人的天性，但关键要保持清醒的头脑。凡是经常说好听的话，甚至曲意承迎的人，往往包含着个人的功利，要非常警惕。

一个人谦逊的风度大概有三个层次：

第一个层次是表现在自己的仪容上，即言谈举止上，特别是语言。一个谦虚的人，其语言是平和内敛的，甚至是谦卑的。中国古代的许多谦词表现了崇礼尚谦的精神品格，如谦称自己的作品为"拙作"，儿子为"犬子"，家宅为"寒舍"；女性自称为"奴家"；"僧人"自谦为"贫僧""小尼"等。谦虚的人语言往往委婉、恭敬。可惜，当下许多人已经不愿意或不会用谦称，且其修养也与"谦"字相去甚远。

第二个层次是有功不居。这就是做出了贡献，做出了成绩，但把成绩归功于团队，归功于他人。干活冲在前，评功居在后，不求回报，功成身退。

第三个层次是有功"弗敢成"。这就是要把自己所取得的成就，做出的努力，当成是自然而然的事，是自己应尽的职责、义务。能达到这种境界已经是尽善尽美的地步了。

《君子所言》 范曾 画

第四讲 「天下为公」的奉献精神

"天下为公"的奉献精神是我国社会主义以公有制为主体的理论基石，是公有制的制度优势，特别是在汇集民智、人力、物力、财力进行大型的基础设施建设，抗击重大的自然灾害和疫情方面，更彰显其力量；"天下为公"的奉献精神也是爱国主义、集体主义的文化源泉，增强了中华民族的向心力和凝聚力；"天下为公"的奉献精神，又是中华民族的理想追求和美好愿望。随着时代的进步和社会的发展，"天下为公"已不仅仅是一种传统美德，更成为中华民族生生不息的崇高信念和伟大精神。

　　革命先行者孙中山先生最喜欢题写的内容，是"天下为公"。据统计，在孙中山的题词中，"天下为公"多达32件。孙中山先生为何对"天下为公"情有独钟？因为这是他提倡和实行三民主义所期望达到的境界。可以这样说,他的理想、他的思想体系的核心精神,都浓缩在"天下为公"这四个字中。

2016年11月11日,在纪念孙中山先生诞辰150周年大会上,习近平总书记对孙中山先生给予了高度评价:"我们要学习孙中山先生天下为公、心系民众的博大情怀。孙中山先生有着深厚的为民情怀,一生坚持以'天下为公'为最高思想境界,致力于'除去人民的那些忧愁,替人民谋幸福',对此矢志不移、无比坚定。"

"天下为公"的奉献精神,是中华传统文化最有气象、最具格局的文化建构,创造了开放包容、胸怀天下的中华文化,是中国力量深厚的文化渊源。

一、"天下为公"的奉献精神源于《易经》的"同人"卦

"天下为公"的奉献精神,可以追溯到《易经》的"同人"卦。"同人"卦的"同"字,甲骨文为 ㅂ,金文为 𠕋,小篆为 𠔿。《说文·冂部》:"同,合会也。"本义为聚合众人之力,后延伸为共同、相

同。如《木兰辞》中的"同行十二年，不知木兰是女郎"，以及"同吃同住""同声相应，同气相求"等。通常把有共同目标、宗旨，并加入同一组织的人称为同志；把一起工作的人称为同事、同仁。"同"有相同、一样的意思，如成语"同心戮力"，意为同心合力，大家心往一处想，力往一处使。

"同人"卦的卦画是☰☲，它的上卦是"乾"，代表天，下卦是"离"，代表火，为天火卦。火向上燃烧，光明，与天的性质相同，天、火相互亲和，为"同人"，象征和同于人，天下为公，有和睦、和平的景象。

《易传·象辞》曰："天与火，同人。君子以类族辨物。"意为上卦为天，下卦离为火，这是同人卦的卦象。正所谓"物以类聚，人以群分"，君子应当效法这一精神，明辨事物，求同存异，团结众人以治理天下。

《易传·彖辞》曰："同人，柔得位得中而应乎乾，曰同人。同人曰：'同人于野，亨。利涉大川。'乾行也。文明以健，中正而应，君子正也。唯君子为能通天下之志。"

《易传·象辞》中说"同人",即柔顺之德恰到好处,符合中正,而与乾元之气相互呼应,这便是"同人"。"同人"卦中说"同人于野,亨。有利于渡过大江大河",这是因为乾元之气在运行。文彩光明而刚健,正大中直而与之相呼应,这是君子的正道。唯有君子,才能通达于天下,聚集民心,共筑文明,实现"天下大同"的志向。

同人就是大家尽量朝向同一个目标努力,同心协力,但是由于成长环境、人生观、价值观的差异,要求求大同而存小异。与人和睦相处,并从"同人于门""同人于宗"扩展到"同人于野",由近及远、由亲到疏,慢慢推广出去,才能一步一步实现天下为公、世界大同。

《序卦传》说:"物不可以终否,故受之以同人。"上卦是否卦,经历了大的磨难以后,人们开始懂得团结的力量,为此君子聚合众人,跨越险阻,故接下来的是"同人"卦。"同人"表达了天下为公、团结一心的志向。

"同人"首先体现在具有共同的志向。"同人"的卦辞:"同人于野,亨,利涉大川,利君子贞。"

爻辞正是用在广阔旷野中集合众人的形象，象征了一个广阔自由、公平无私的精神境界。世界上所有的人和同，当然一切亨通，无往不利。

能够聚集在一起的人，必定是志同道合的人。所谓的"同"，是志向之"同"、志趣之"同"、思想之"同"、文化之"同"、血脉之"同"。同志同向，同心同德，同声同气才是"同人"，只有这样，众人才能够团结一心，凝聚更大的力量，创造更加辉煌的物质财富和精神财富。

在此之后，历代的思想家对"天下为公"的思想不断加以阐发。孔子在《论语·颜渊》中说："君子敬而无失，与人恭而有礼，四海之内皆兄弟也。"这表现了普天同乐的理想境界和宽广胸怀。吕不韦在《吕氏春秋》说："天下非一人之天下也，天下之天下也。阴阳之和，不长一类；甘露时雨，不私一物；万民之主，不阿一人。"《尚书》云"无偏无党，王道荡荡；无党无偏，王道平平；无反无侧，王道正直"，讲的是以公行王道的法则。《列子·杨朱》云"公天下之身，公天下之物，其唯至人矣！"讲的是圣人处世以公的信念。

"天下为公"这一概念的提出在《礼记·礼运》："大道之行也，天下为公。选贤与能，讲信修睦。故人不独亲其亲，不独子其子，使老有所终，壮有所用，幼有所长，矜、寡、孤、独、废疾者皆有所养，男有分，女有归。货恶其弃于地也，不必藏于己；力恶其不出于身也，不必为己。是故谋闭而不兴，盗窃乱贼而不作，故外户而不闭，是谓大同。"

这段话的意思是说，大道施行于天下的时代，天下不是一姓一家所有，而是为天下人民所共有。天子、诸侯，都是选择贤能者来担任的，人民淳朴守信，相处和睦。那时候的人们不只关爱自己家的老人，也关爱别人家的老人，不只善待自己家的孩子，也善待别人家的孩子，使老年人获得精心的赡养，能够安心终老，壮年人有用武之地，幼童能够得到良好的抚育，丧偶者、孤独无依或者身有残疾之人，都能得到妥善的安顿。每个男子都有一份从事的职业，每个女子都能嫁得良人。在这样的社会里，人们会嫌恶财物被糟蹋浪费，但并不一定要这财物为自己所拥有，会嫌恶有力气而偷懒不干活的人，但不一定要这力气为自己服务，于是各种阴谋诡计都没有机会发生，偷盗和作乱都不会产生，家里的大门也不用上锁。这就是所谓的"大同"。

《礼记》在这里描绘了人类理想社会与秩序的美好图景，在中国历史上产生过重要的影响。从汉代到清代两千多年帝制时代里，"天下为公"一直为仁人志士所追慕、向往。

然而，由于皇权的日渐强化，以及阶级的分化，以"天下为公"为目标的大同之世注定在封建社会是无法实现的。

从1884年开始，康有为对"大同之理"进行了思考，经过维新运动的洗礼，以及出国对资本主义社会状况的考察，最终写成《大同书》。在书中，康有为对大同社会做了描述，全世界的国家合并为一个"公政府"，实行民主共和的政治制度，人不分贵贱，男女完全平等，没有阶级压迫，也不存在父权、夫权的压迫。在康有为的眼里，这种社会是富强、平等、自由、民主的，但他没有提出具体的路径，这些设想带有空想社会主义的色彩。

辛亥革命时期，孙中山吸收了前人的思想，在民族存亡的紧要关头，发出"振兴中华"的口号，确立孙文楷书"天下为公"

了"天下为公""世界大同"的社会理想。这个具有时代意义的政治理念，达到了较高的思想境界。

1924年8月，孙中山在演讲中说："我现在就是用民生二字，来讲外国近百十年来所发生的一个最大问题，这个问题就是社会问题，故民生主义就是社会主义，又名共产主义，即是大同主义。"这就是他倡导和推行的天下为公的世界大同。

孙中山实践世界大同很坚决，他对黄埔军官学校的训词是："三民主义，吾党所宗，以建民国，以进大同。"表明他领导的军队有着实现世界大同的伟大目标。实现这一目标的途径是："人民平等，虽有劳心劳力之不同，然其为劳动则同也。社会主义之国家……农以生之，工以成之，商以通之，士以治之，各尽其事，各执其业，自此演进，不难致大同之世。"

孙中山先生"天下为公"的思想与传统儒家学说

有所不同，包括民有、民治、民享、共和等丰富的内涵。孙中山说："我们三民主义的意思，就是民有、民治、民享，这个民有、民治、民享的意思，就是国家是人民所共有，政治是人民所共管，利益是人民所共享。照这样的说法，人民对国家不只是共产，一切事权都是要共的。"（《三民主义》）

孙中山先生所追求的大同世界，在继承了儒家传统的同时，也吸收了当时的新思想、新知识，如对资本主义国家存在的垄断压迫、贫富分化等现象进行了批判，虽然他的理想没有变成现实，但对近代社会革命和国家建设起到了推动作用。

二、"天下为公"的核心精神在于"奉献"

从以上追溯"天下为公"的思想脉络，我们可以看到，这一思想与"天下为私""天下为家"是相对立的。从《易经》《礼记》的阐述来看，"天下为公"的核心精神在于一个"公"字。

（一）汉字对"公"字的解读

汉字的"公"，会意字。公的甲骨文为𠚍。从口

（器皿），从八（分），平分器皿中的东西之意。公的金文为凸；公的篆文为㕣。字形整齐化，盆形讹化为厶。

《说文·八部》："公，平分也。从八，从厶。八，犹背也。韩非曰：'背厶为公。'"即"公"的本义为平分。

在古代，生产水平低，食物匮乏，经常把所能获得的食物聚集起来，然后平均分配给大家，所以"公"的本义是指平分，有公平、平等之义。"公"由"八""厶"组成，上面的"八"字是指相背，"厶"是"私"的本字，合起来就是"与私相背"，韩非曰："背厶（私）为公。"与私相反的，即是公。

中国的传统文化对"公"字给予高度的赞扬，几乎所有带有"公"字的成语都是高尚和崇高的。如"公明正大"是指公正无私、光明磊落；"公而忘私"指为了公事而不考虑私事，为了集体利益而不考虑个人得失；"明公正气"指堂堂皇皇、光明正大；"奉公守法"意指奉行公事、遵守法令；"公平正直"指公道平等，不偏袒，不营私；"开诚布公"指以诚心待人、坦白无私；"砥节奉公"指磨砺名节，奉行公事；"公门桃李"用于尊称某人引进的后辈、栽培的学生。"公"字包含着如下的含义：

第一，"公"以私为基础。"公"以"厶"为基，公不是灭"私"，相反，公由一个个的"私"组成，"公"与"和"是融为一体的。马克思说："人们为之奋斗的都与个人利益有关。""小河有水大河满"，我们讲为公，不能漠视个人正当的利益。要尊重个人的私利，只有尊重"私"，才能使"私"更加拥护"公"。"公"字，八为上，厶为下。八居上，表示大家、群体的利益为上，厶为下，表示个体的利益是基础，"倾巢之下，焉有完卵""皮之不存，毛将焉附"。国家利益、民族利益、公共利益高于个人利益，公与私互相依存，必须兼顾，寻找一个平衡点。公共利益要尊重个人利益，而个人利益从属于公共利益，而不是公共利益服从于个人利益。如果一个人追求极端的个人利益，那么，公共利益就根本不可能存在。

第二，"公"以追求大众利益的最大化为目标。"公"是由众多的"厶"累积而成的，"公"上面的"八"像张开的双手，也像一把伞，呈保护的姿态，寓意维护公众利益是为官者的基本出发点。清代文学家刘鹗说:"人人好公,则天下太平;人人营私,则天下大乱。"

第三,"公"以公正、公平为核心。"公"字上为"八","八"为分的初文,本义将物分开,而且是平均地分开,意味着公正、公平、公开。这就是要遵循公理,秉公办事,公道正派。俗话说:公生明,廉生威。陈平分肉,因为他每次都很公平,因此皆大欢喜,陈平也得到了大家的信任。从前榆次老县衙有一副对联:"大其牖,天光入;公其心,万善来。"意思是说窗户开得大,阳光就享受得多;凡事秉持公心,各种善念善举就会出来。在现代,公是指共同的、大家的、大众的,公是人民赋予的。"公"包括公共资源、公共财产、公共权力等。

(二)"天下为公"是中国仁人志士一直所追求的"大同"世界

《易经·同人卦》卦辞讲:"同人于野,亨";"同人于郊,无悔"。这一卦与"家人卦"不同,"家人卦"只是讲一个人和睦相处,而"同人卦"则要说突破"门第""家族"的局限,要在"旷野""郊野"与所有的人亲和,这是更加远大的志向和宽广的胸怀。"同人"的这一境界是效法了"天德"。《礼记·孔子闲居》记载了孔子讲的"三无私",即"天无私覆,地无私载,日月无私照,奉斯三者以劳天下,此之谓'三无私'"。《庄子·大宗师》:"天无私覆,地无私载,天地岂私贫我哉?求其为之者而不得也!"《吕氏春秋》亦称:"天无私覆也,地无私载也,日月无私烛也,四时无私行也,行其德而万物得遂长焉。"古代先贤讲的"公",核心都在申明天道运行的客观公正性。历代的思想家、政治家对此都提出了自己的主张。

孔子对未来的社会有一个憧憬。他所希望的"大同社会",社会成员平等、和睦,政治权利不私相授与,选用贤能的人治理国家;人人能各尽所能,生活有了保障。他在《论语·公冶长篇》中说:"老者安之,朋友信之,少者怀之。"人们追求财富,但财富的分配是均等的。他说:"不患寡而患不均,不患贫而患不安。"(《论语·季氏》)主张"均无贫",反映了他对公平的向往和追求。

吕不韦在《吕氏春秋》中,提出了"贵公""去私"的思想，说："天下非一人之天下也，天下之天下也。"他认为"公则天下平"，他说"昔先圣王之治天下也，必先公，公则天下平矣，平得于公。尝试观于上志，有得天下者众矣，其得之以公，其失之必以偏。凡主之立也，生于公。"吕不韦认为先代圣王治理天下，关键在于一个"公"字，公则得民心，得到大众的拥护，则天下太平。

北宋思想家程颢、程颐说："一心可以兴邦，一心可以丧邦，只在公私之间尔。"（《二程集·河南程氏遗书·卷第十一》）国家的兴亡之道，在于传承者是否出于公心，是否为公众的利益着想。

西汉政治家贾谊说："国而忘家，公而忘私，利不苟就，害不苟去，唯义所在。"贾谊认为，为了公义、义理，可以舍小家、顾国家，舍私利、求公利。

近代思想家康有为在《大同书》中说："天下为公，选贤与能者，官天下也。夫天下国家者，为天下国家之人公共同有之器，非一人一家所得私有，当合大家公选贤能以任其职，不得世传其子孙兄弟也，此君臣之公理也。"康有为主要讲公权的公用，公权不能私用，这是"天下为公"在政治上的体现。

今天,"天下为公"可以归结为习近平总书记的一句话,这就是"把人民群众对美好生活的向往作为我们的奋斗目标!"

(三)"天下为公"的主要内涵

"天下为公,大同社会",是以公心出发,遵循公理,建立公制,最后达到促进共同的利益。主要的内涵有如下几个方面:

一是出于"公心"。《易传·系辞上传》:"二人同心,其利断金。同心之言,其臭如兰。"意思是说,二人只要同心同德,其力量就像利刃一样可以切断金属;志同道合的人说的话,其嗅味就像兰花一样芬芳。同心,实际上也是指公心。西晋傅玄说:"有公心必有公道,有公道必有公制。"公心是公道、公制产生的思想基础和文化条件。为此,必须心怀国家社稷,心忧百姓黎民,舍弃小我,力求大我,追求无我。正如苏东坡那样,胸存大道,心出于公。

苏东坡为官一任,造福一方。虽屡遭贬谪,九死一生,但他在密州治蝗,徐州抗洪,杭州修堤,"莫听穿林打叶声,何妨吟啸且徐行",这是经过了自省的沉淀,洗刷了偏激的淡定,散发光辉的睿智。他于灾难之后重生,宠辱不惊,一心为国家社稷,一心为黎民苍生。

二是坚守公道。唐代宰相房玄龄曾对唐太宗说:"臣闻理国要道,在于公平正直,故《尚书》云:'无偏无党,王道荡荡。无党无偏,王道平平。'"房玄龄说:"臣听说治理国家的关键,在于公平正直,所以《尚书》说:'不结党营私,王道就浩浩荡荡,不结党营私,王道就平平坦坦。'""天下为公"在政治上的公正公平,公权的公有、公用,体现在选人、用人上以贤与能作为主要标准,不能任人唯亲,搞"世袭制"。这是因为天下不是帝王权贵所私有,天下贵贱万民均是天下主人,一家一姓不能排除他宗而擅利。帝王将相不能排除庶民而擅利。如果某种势力为了成全权贵集团私利,侵害剥夺他宗及庶民权利,那就是背离公道。天下统治权不能沦为某家私权,不能在帝王将相之间私相授受。贵为天子也不可擅权,必须唯贤是举。官无常贵,民无常贱,谁贤谁当政,谁贤谁治国。

宋代政治家、文学家范仲淹说:"王者得贤杰而天下治,失贤杰而天下乱。"

宋代哲学家程颢也说:"天下之治,由得贤也;

天下不治，由失贤也。"

纵观中国历史上的治世盛世，都有一个共同的特点，就是政治清明，选贤任能。

中国唐代的"贞观之治"与唐太宗善用人才不无关系。贞观十三年（639），唐太宗与大臣们说："能安天下者，唯在用得贤才。"

唐太宗爱惜人才，求贤若渴，重视发挥人才作用的事例比比皆是。他对大臣讲："致安之本，唯在得人。"贞观之年，有一个出身低贱的平民叫马周，他到京城长安，做了中郎将常何的门客。正赶上唐太宗令百官上书论治国得失，常何胸无点墨，便让马周代笔。唐太宗拿到常何的上书后大吃一惊，因他对大臣们的才能了如指掌，知道常何是写不出这样的策论的。在他的追问下，常何说是马周写的。唐太宗马上召见马周，两人长谈后，唐太宗非常欣赏马周的才能，当即任命马周为监察御史，后又升至吏部尚书。

由于唐太宗的爱才、揽才、用才、护才，他的周围聚拢了如长孙无忌、房玄龄、杜如晦、魏徵等优秀人才，这正是"贞观之治"盛世产生的原因之一。

历史上，政治上的腐败集中表现为吏治的腐败，也即选人用人的腐败。坚持公道、正派用人，坚持德才标准，才能风清气正。

春秋时期，晋国国君晋平公问大夫祁黄羊："南阳缺一县令，你看谁可以去担任呢？"祁黄羊说："解狐可以。"晋平公感到很惊奇："解狐不是你的杀父仇人吗？你为什么要推荐他？"祁黄羊笑答道："您问的是谁能当县官，不是问谁是我的仇人呀。"晋平公觉得祁黄羊说得对，就派解狐去南阳做县官。解狐上任后，为当地办了不少好事，受到南阳百姓的普遍好评。

过了一段时间，晋平公又对祁黄羊说："现在国家缺一尉官，你看谁可以去担任这一官职呢？"祁黄羊毫不犹豫地说祁午可以。晋平公大为惊讶地说：

《步辇图》　阎立本　画

"祁午不是你的儿子吗？"祁黄羊说："您问我谁可以当尉官，没有问谁是我的儿子呀。"晋平公觉得祁黄羊的回答有道理，于是又派祁午当了都尉，后来祁午果然成了好尉官。

同时代的孔子听说祁黄羊的事后，说了这样一句话："善哉，祁黄羊之论也！外举不避仇，内举不避子。祁黄羊可谓公矣。"（《吕氏春秋·去私》）

选贤与能，不论是委任制，还是普选制，在实践中还是很困难的。首先是人才的标准很难量化；其次也很难有很好的选择机制让人才脱颖而出。因此，用人者要有公道之心，有求贤若渴之心，才能选到好的人才。"千里马常有，伯乐不常有"，伯乐的公道起着决定性的作用。

三是遵循公理。战国的荀况说："公道达而私门塞，公义立而私事息。"唐代名相姚崇说："心苟至公，人将大同。""天下为公"遵循的是"公理"，就是事物的普遍规律、共同约定俗成的道德规则和法律规范。我们常说的"天道人心""公道自在人心"，讲的就是公理。

南宋抗金名将岳飞，因力主抗金，被宋高宗和奸臣秦桧以莫须有的罪名杀害，虽然他精忠报国未能换来公正的待遇，却博得广大民众的拥戴和敬仰，众多的黎民百姓，为岳飞悲泣鸣冤。正如岳飞在洪状上留下的八字绝笔："天日昭昭，天日昭昭！"20年后，宋孝宗为岳飞平反，重新礼葬，"千古奇冤"得到了昭雪。

遵循公理，在今天的现实生活中，体现为要遵循社会公共道德规范。《礼记》在"天下为公"中指出要讲信修睦，就是要讲诚信，和睦相处，形成人与人之间的和谐关系。在"天下为公"的社会里，人人都是平等、自主、互助的，人与人之间的关系建立在信任的基础上，经济交往遵循诚信的准则，没有欺诈、压迫，是一种友善的关系。

要想了解一个社会、一个民族、一个国家的发展水平，除了物质生活外，检验其道德品质的试金石，主要看公共道德是否高尚。公共道德水平是评价一个社会文明程度的一把标尺。

一个人不但要有私德，还要有公德。但在现实生活中，有私德没有公德的现象比较常见。有的人在家里不吸烟，却在公共场所吸烟，甚至在电梯里吸烟。

有的人在家里讲卫生，却在公共场所里乱丢垃圾、随便吐痰、大声喧哗、损坏公物，甚至不守秩序。为此，公德建设应该是道德建设的重要内容。

公德建设的内容主要讲两个方面：第一是诚信。在一个"陌生人"和契约关系的社会里，没有诚实，社会生活即无法运转。第二是和睦。人与人之间需"以和为贵"，求同存异，守望相助，急难相帮，形成互动的人际关系。

四是增进公益，即增进公共的利益。共同的利益是"天下为公"的经济基础，也是"天下为公"的落脚点。我们在追求发展的战略上，要坚持包容式的发展，力求共有、共享、利益共沾；在市场经济的竞争中，寻找最大的"公约数"，力求共赢，不能采取零和博弈，更不能采取损人利己的手段。而为了促进一个社会的公平、和谐，必须关怀社会的弱势群体，构筑社会保障的"安全网"，社会的弱者能得到关怀是社会生产力高度发达的一个标志，也是社会保障体制完善的标志，从而实现《礼记》所说的，从爱自己的父母、子女开始延伸到社会的各个成员，让老年能安享晚年，壮年能发挥才干，小孩能健康成长，鳏寡孤独废疾者都能得到供养。不但尊老爱幼成为风尚，社会的弱势群体也能得到关怀。

天下为公、大同世界的理想，向世人展现了一幅崇高而远大的人类美好社会的理想和愿景。虽然"大同"社会，在可考的人类历史上并没有真正实现过，但依然是人类在未来追求美好生活的目标。不管时代如何变迁，人类对美好生活的想象总是相似的。《易经》和《礼运》所呈现出的那个公平、正义、诚信又充满温情、关爱的社会，是一种具有普世意义的理想社会。当然，作为理想，距它的实现还有非常遥远的路要走，但它至少可以成为人类向着美好生活缓步前行之路上的一缕曙光。

三、把"天下为公"的奉献精神落实在现实生活之中

"天下为公"并不是一个空洞的口号，要落实到社会的各个阶层中。对于社会的中坚阶级来说，要求会更高一些。为此，下面对社会的不同阶层提出了不同的要求。

（一）领导干部要树立一心为民的执政理念

对领导干部来说，"天下为公"首先体现在"爱人"，儒家把"爱人"作为执政的重要理念。《礼记·哀公问》引孔子之言说："古之为政，爱人为大。不能爱人，不能有其身。不能有其身，不能安土。不能安土，不能乐天。不能乐天，不能成其身。"孔子认为"爱人"是修身、安土、乐天的前提，"爱人"是"安身立命"的基础。

可以说，"爱人"从本质上规定其为政之首务。孟子教导人们要从好货、好色之欲、亲亲敬长之私入手，推广到天下无所不爱的大公。在党的十九大报告中，习近平总书记激情澎湃地说："大道之行，天下为公。站立在九百六十多万平方公里的广袤土地上，吸吮着五千多年中华民族漫长奋斗积累的文化养分，拥有十四亿多中国人民聚合的磅礴之力，我们走中国特色社会主义道路，具有无比广阔的时代舞台，具有无比深厚的历史底蕴，具有无比强大的前进定力。"

马克思、恩格斯将共产主义社会确定为无产阶级的奋斗目标。《共产党宣言》宣告："过去的一切运动都是少数人的或者为少数人谋利益的运动。无产阶级的运动是绝大多数人的,为绝大多数人谋利益的独立的运动。"

大禹为治水,"三过家门而不入,舍小家而顾大家"。

三皇五帝时期,黄河泛滥,有一年水势浩大,大地一片汪洋,庄稼淹没了,房屋冲塌了。人们都苦苦地哀求天帝,祈求他斥逐洪水。但是高高在上的天帝不管人间疾苦。一位叫鲧的天神非常同情人们的悲惨遭遇,他盗取了天帝的息壤来堵塞洪水,违抗了天帝的命令。天帝让祝融在羽山近郊杀死鲧。三年后,鲧的肚子突然裂开了,生出天神禹,禹决定像他的父亲鲧一样去治水。禹向舜帝上书说:"先父用堰障法治水没有成功,我要用疏导法治水,让水流入大海。"舜遂让禹率领能工巧匠开凿河道,疏导水流,禹治水十三年期间多次经过家门而不入,终于成功治理了水患。这个故事出自《孟子·离娄下》,比喻舍小家为大家、因公忘私的精神。

当代人民的好公仆焦裕禄也是一心为民的典范。

1962年12月,焦裕禄到了兰考县,担任县委书记。兰考县地处豫东黄河故道,是个饱受风沙、盐

《焦裕禄与老百姓》　潘国梁 画

碱、内涝之患的老灾区。焦裕禄踏上兰考土地的那一年，正是这个地区遭受连续3年自然灾害较严重的一年，全县粮食产量下降到历年最低水平。他从第二天起，就深入基层调查研究。他说："吃别人嚼过的馍没味道。"他拖着患有慢性肝病的身体，在一年多的时间里，跑遍了全县140多个大队中的120多个。

在带领全县人民封沙、治水、改地的斗争中，焦裕禄身先士卒，以身作则。风沙最大的时候，他带头去查风口，探流沙；大雨倾盆的时候，他带头蹚着齐腰深的洪水察看洪水流势；风雪铺天盖地的时候，他率领干部访贫问苦，登门为群众送救济粮款。他经常钻进农民的草庵、牛棚，同农民同吃同住同劳动。他把群众同自然灾害斗争的宝贵经验，一点一滴地汇集起来，成为全县人民的共同财富，成为战胜灾害的有力武器。

他的心里装着全县的干部群众，唯独没有他自己。1964年5月14日，焦裕禄被肝癌夺去了生命，年仅42岁。他临终前对组织的唯一请求，就是死后"把我运回兰考，埋在沙堆上。活着我没有治好沙丘，死了也要看着你们把沙丘治好"。

执政者秉持"天下为公"的理念，要以人民至上、造福百姓作为出发点和立足点。中国古代政治家、思想家十分重视民心、民意在执政中的重要作用。孟子说："桀纣之失天下也，失其民也。失其民者，失其心也。"（《孟子·离娄上》）"夫民者，万世之本也。"（贾谊《新书·大政上》）中国特色社会主义是历史和人民的选择。人民群众是坚持和发展中国特色社会主义的主体力量。习近平总书记从维护广大人民根本利益出发，提出以人民为中心的发展思想，强调要"牢牢把握人民群众对美好生活的向往""确保党始终同人民想在一起、干在一起"，体现了中国共产党人矢志不渝的政治情怀，也凝结着为人民谋福祉、为百姓解忧难的责任担当。

执政者秉持"天下为公"的理念,要坚持"天大地大,老百姓的事最大"的原则。从嘉兴南湖到井冈山,从延安到天安门,中国共产党人的初心和使命,就是为中国人民谋幸福,为中华民族谋复兴。党中央所提出的"让人民群众有更多获得感"治国理政目标,不仅符合社会的发展规律,也点燃了人民群众共建共享全面小康社会的热切期望。

党的十九大报告指出,我国社会主要矛盾已经转化为人民日益增长的美好生活需要和不平衡不充分的发展之间的矛盾。这一科学论断,蕴含着丰富的内涵。为人民谋幸福,就要抓住人民最关心、最直接、最现实的利益问题,一切工作的出发点、落脚点都是"让人民过上好日子"。

(二)广大的社会中坚分子要树立担当奉献的情怀

中国古代的士大夫以"平天下"为最高理想,用"君子"的标准要求自己。《中庸》说,君子"动而世为天下道,行而世为天下法,言而世为天下则",讲的是士人穷达之道。孟子说"穷则独善其身,达则兼济天下",讲的是士人进退之道。张载说"为天地立心，为生民立命，为往圣继绝学，为万世开太平"，讲的是士人的志向抱负。这样一种平天下的理想抱负，激励了无数人为之奋斗，亦涵养浸润了无数中国人的家国情怀、天下情怀，更凝聚为中国人的价值信念与思维方式。

企业家、艺术家和广大的知识分子是社会的中坚力量，是民族的脊梁，要有"先天下之忧而忧，后天下之乐而乐"的胸怀，要有"铁肩担道义"的气概，坚持国家至上、民族至上、人民至上，始终胸怀大局、心有大我；坚守正道、追求真理，立足我国国情，放眼观察世界，以天下为己任，与国与民同呼吸共命运，国而忘家，公而忘私，义而忘利，一心为了祖国的强盛和人民的安康而不懈奋斗，无私奉献。

（三）广大的公民要有热心公益、守望相助的道德品质

"天下为公"并不仅仅是社会中坚力量的情怀，也是每个公民的职责。所谓公民，不但享有公共的权利，而且也承担着公共的责任。司马迁说，好的裘皮大衣，一狐一腋可不够，一座房子，一根木头做不成。夏、商、周三代的丰功伟绩，靠的不是某一个贤士的才智。要想建立千秋大业，怎么能只考虑少数人的才智呢？（"千金之裘，非一狐之腋也；台榭之榱，非一木之枝也；三代之际，非一代之智也。……建万世之安，智岂可专邪！"《史记·刘敬叔孙通列传》）

由于先天条件、自然规律和各种社会因素，任何社会都存在着弱势群体，如失独的老人、残疾人、病患等，这些弱势群体都应该得到社会的关爱、照顾。"天下为公"就是"构建人类命运共同体"，要求人人具有人道主义精神以及博爱的情怀，热心参与公益事业，积极参与志愿服务，传递社会的温暖。北宋张载提出的"民胞物与"就是要使公平和博爱跨越血缘的"小家"而走向同类同性的"大家"。张载曰："乾称父，坤称母；予兹藐焉，乃混然中处。故天地之塞，吾其体；天地之帅，吾其性。民，吾同胞；物，吾与也。大君者，吾父母宗子；其大臣，宗子之家相也。尊高年，所以长其长；慈孤弱，所以幼其幼；圣，其合德；贤，其秀也。凡天下疲癃、残疾、茕独、鳏寡，皆吾兄弟之颠连而无告者也。"

张载提出了"以天下为一家"的美好愿望和关爱弱势群体的博爱情怀。他认为，父母就是天地，君臣长幼都是兄弟，之所以能如此，在于以气化代血脉，以秉性定人生。气性之和合而生人对所有人都是公平的，其特点即在以公共性替换个别性。在此前提下，既然我之气即天地间之气，我之性即天地之性，"民胞物与"就是必然的结论了。同时，人既效法于天地，就需要自觉地与天地合德，圣贤便是如此践履的典范。因而，生存状态各异的老幼、孤寡、残疾等不同族群，都享受到了公正的关爱。张载在这里指出了人类的差别，又把差别整合进友爱、平和之中。

张载在这里阐述的博爱观："自蔽塞"是气之私，"破蔽塞"则是性之公，只要抛弃了物我之私，公天下之爱就在情理之中了。

对于君子之于天下来说，善是一个基本的评价尺度。如果做到无物我之私，就有与人为善的公天下的博爱情怀。因此，"天下为公"对于普通老百姓来说就是要热心公益事业，积极参与志愿服务。公益事业是大道之性，我们愿意身体力行，就是功德无量。

热心公益和参与志愿服务是个人进德修业的实践。一个人格完整的人必须有德、有情、有智。中国的传统文化强调一个人"进德"的重要性。我们做公益和志愿服务的过程，其实是在修心，修一颗仁爱之心、慈悲之心、同情之心、恻隐之心、善良之心，以此养成平和之性、真诚之性。志愿服务是我们修炼的"道场"，也是我们增长才干的熔炉。志愿服务工作是一门学问，不但需要热情，而且需要能力的构建。比如项目的策划、组织的管理、资源的收集、资金的筹划、人员的组织等，需要有运筹能力、组织能力、管理能力，对我们而言这是一个锻炼和提升的过程。从这个意义上看是"修业"，实际上是成长、成才。

热心公益和参与志愿服务也是弘扬中国好家风的实践。《大学》说："一家仁，一国兴仁；一家让，一国兴让。"《易经》说："积善之家必有余庆，积不善之家必有余殃。"积累善行的人家，必定会有富余的吉庆留给后代；积累恶行的人家，必定会有多余的灾祸留给后代。大人、家长热心参与志愿服务不但是修己，同时也是给子女、后人做示范。家长是孩子的第一任老师，有什么样的家长，就有什么样的孩子。热心参与志愿服务，是仁爱的传递，是慈悲的培植，是善良的传播，是好家教、好家风的传承。

热心公益和参与志愿服务关键在于尽心尽力，并不在于付出金钱的多寡，竭尽所能就足够了。

第五讲 "居安思危"的忧患精神

在中国的传统文化中有深厚的、源远流长的忧患精神，这种精神建立在对存与亡、安与危、进与退、治与乱的科学分析的基础之上，是人类对自己勇于担当的表现，其中蕴藏着一种坚强的意志和奋发的精神，是顺境中的清醒，是胜利中的冷静。

"居安思危"的忧患精神，表面看起来是一种悲观的心理，其实是一种积极的人生态度，是对忧患与安乐的客观判断，在忧患还没有发生之前，努力地消除忧患的因素，确保安乐能长久下去。"思危"的目的和结果是为了"居安"，因此，"居安思危"的忧患意识，是在逆境中能动心忍性，在顺境中能未雨绸缪，这不仅是理性精神的表现，也是一种积极的心态。

一、《易经》，一部忧患之书

《易经》是一部忧患之书，充满了辩证思维，要求我们在安乐之时时刻保持清醒的头脑，不能乐极生悲，忘乎所以；在顺境之时增强预防意识，未雨绸缪，慎终如始。

下面，我们从《易经》的"乾卦""否卦"和系辞看看《易经》是如何阐述"居安思危"的忧患精神的。

（一）"居安思危"的忧患精神，其思想源头来自《易经》，形成于《尚书》

周公作《易》，体现了以他为代表的周初统治集团对未来的深思熟虑和远见卓识。孔子在《易经·系辞下传》说："《易》之兴也，其于中古乎？作《易》者，其有忧患乎？"意思是说，《易经》的兴起，大概是在殷商末期的中古时代呢？《易》的作者，大概是心存忧患吧？他还说："《易》之兴也，其当殷之末世，周之盛德邪。当文王与纣之事邪，是故其辞危。危者使平，易者使倾。其道甚大，百物不废，惧以终始，其要无咎，此之谓《易》之道也。"孔子说《易经》的兴起，大概是在殷朝末年，周文王德业正隆盛时期吧，说的是周文王与商纣王之事吧。所以其卦、爻辞多警戒之义。危险的将其转化为平安，平安的告诫将要倾覆；这个道理十分宏大，任何事物都不例外。警戒的道理贯穿了《易经》的始终，这就是《易经》讲的道理呵！可以说，《易经》始终贯穿着"居安思危"这一主线。

《易传·系辞下传》说："《易》之为书也不可远，为道也屡迁，变动不居，周流六虚，上下无常，刚柔相易，不可为典要，唯变所适。其出入以度外内使知惧，又明于忧患与故。"这是说《易经》这本书，不能须臾离开它。它所讲的道理是不断变化的，运动不止，循环流转于六爻之间，上下往来没有常规，阳刚、阴柔互相交易，不可将它看成恒定不变的经典，只能顺应它变化趋势的出入往来，只有度量内卦与外卦的吉凶，才能使人有所警惕，又能明白忧患所在及其原因。《易经》是断吉凶，让人趋利避恶，主动地对忧患给予防范的。

"居安思危"一词，最早出自《尚书》："居安思危，思则有备，有备无患，敢以此规。"

"居安思危"是一个常见的成语，这个成语来自左丘明《左传·襄公十一年》记载的一个故事：

春秋时期，郑国挑起事端，激起晋、宋、齐、卫等12个诸侯国的不满。当时，晋国的势力较大，其他国君就同晋国商议，要联合各国兵马，共同围攻郑国。晋国国君与大臣魏绛商议，魏绛认为此举可以教训一下郑国，于是联合出兵围攻郑国。郑国十分惊慌，就派使者向晋悼公求和。晋悼公接受了魏绛的建议，同意议和并撤回了军队。

郑国为了表示感谢和友好，便向晋国送去了大批的礼物，其中有作战用的兵车，有精致的乐器，还有三名郑国有名的乐师和16名能歌善舞的美女。

晋悼公接受了郑国送来的贵重礼物，非常高兴，对大臣魏绛说："你教会了我国戎狄的和睦之策，从而整顿了中原诸国。八年中九次会合诸侯，如音律般协调，我赏赐给你八名美女，让我们一起共享快乐吧。"

魏绛听了，没有受宠若惊，且谢绝了晋悼公的分赠。他对晋悼公说：您能够同意和戎之策，这是国家的福分。八年之中九次会合诸侯，而诸侯能够顺从，没有什么邪念，这是大王的英明，也是大臣们的功劳，我哪里有什么功劳呢？我希望君王能够在享受安乐的时候常思长远之策。《诗》说:"快乐啊君子,镇抚天子的家邦。快乐啊君子,他的福禄和别人同享。治理好附近的小国,使他们相率服从。"用音乐来巩固德行,用道义对待它,用礼仪推行它,用信用守护它,用仁爱勉励它,然后能用来安定邦国,同享福禄,招来远方的人,这就是所说的快乐。《尚书》上说,处于安定之中要时刻想到危险。思虑要长远,有了防备就没有祸患,我们把它献给您作为鉴戒。

晋悼公听了魏绛这富有远见而又语重心长的话,深受感动,欣然接受魏绛的意见,从此对他更加敬重。

从这段对话中,我们首先看到魏绛的谦逊,他"有功不居",把功劳归于君王和其他大臣;其次,具有远见卓识,居安思危;再次,提出了要以德、义、礼、信、仁为治国安邦的方略。魏绛不愧是一位贤臣。

居,指处于;安,指安乐;思,指想;危,指困厄、危险。居安思危,指处在安定的时候,要想到可能出现的危险,要提高警惕,以防祸患。

我国历代的思想家,不但认同了这一精神,而且不断地加以丰富和发展。孔子在《论语·卫灵公》

中说:"人无远虑,必有近忧。"指出一个人没有长远的打算,一定很快就会有麻烦。特别是作为一个政治领袖,假如没有长远的规划,社会问题就会层出不穷,手忙脚乱地"救火",他的烦恼就会不断增加。

道家的老子在《道德经》中说:"为之于未有,治之于未乱。"我们要有所作为,一定要抓住先机,在未乱的时候就进行治理,在大治的环境中进行建设。这个观点充分说明了稳定与发展的关系,稳定是发展的前提条件,如果政局动荡不安,人心惶惶,是根本谈不上发展的。

墨家的墨子说:"心无备虑,不可以应卒"。(《墨子·七患》)这里讲的"卒",就是今天常讲的"突发事件"。墨子说,不在平时考虑好各种应对变故的办法,一旦发生突发事件,就会手足无措,无法应对。这个观点对我们建立应急机制仍然有启发意义。各种突发事件随时都可以发生,如何控制其危害波及面,就要有所准备,如应对自然灾害、外敌入侵、疾病流行,必须有人员、物资、财富的储备,否则,就会造成严重的灾难。

西汉文学家司马相如也在《谏猎疏》中说："盖明者远见于未萌，而知者避危于无形。祸固多藏于隐微，而发于人之所忽者也。"

唐代政治家魏徵在《谏太宗十思疏》中说："人君当神器之重，居域中之大，不念居安思危，戒奢以俭，斯亦伐根而求木茂，塞源而欲流长也。"魏徵向唐太宗提出了"居安思危"的劝谏，担心唐太宗在治国十几年后，渐渐丧失了励精图治的热情和劲头，劝诫以防止其好大喜功，不恤民力，重蹈隋炀帝的覆辙。

由此可见，中华民族历经磨难，对所处的环境有一个清醒的认识。《易经》"居安思危"的忧患精神得到了其后的思想家和政治家的认同，形成了中华民族独特的文化精神和民族心理。

（二）"居安思危"的忧患精神蕴含深刻的哲学思辨

"居安思危"的忧患精神，既是古代先哲对历史教训的总结，又是一种科学、辩证的思维方式。

第一，《易经》辩证地描述了事物的客观发展规律。事物的发展是不断地以新易旧、新陈代谢的过程,"物壮必老""物极必反"。旧事物发展到成熟的时候,恰恰是新事物开始取代旧事物的时候,是一种必然的现象和规律。安与危、存与亡统一在一起,共同存在于一个整体之中。

第二,《易经》强调事物的对立统一和相互转化。《易经》的每个上下两卦都是相互联系的,比如"否极泰来"。成与败、得与失、进与退、存与亡、福与祸都是相互依存、相互转化的。孔子在《系辞下传》中说:"危者,安其位者也;亡者,保其存者也;乱者,有其治者也。是故君子安而不忘危,存而不忘亡,治而不忘乱,是以身安而国家可保也。"《易经》曰:"其亡其亡,系于苞桑。"是《否卦》九五爻辞。苞桑,指丛生的桑树。这是说:"快要灭亡了!就像系在桑树条那样摇摇欲坠。"孔子在这里指出危、乱、亡的原因是麻痹大意。他说:凡是出现危险局面的,都是安乐其位而不思进取;凡是面临灭亡局面的,都是维持现状而不求长存;凡是发生混乱局面的,都是以为天下太平而不去治理。所以说,君子应该是居安而不忘危险,存在而不忘灭亡,大治而不忘混乱。这样,自身安全而国家也可保。孔子把居安思危提到了身安、国安的高度去看，可见其忧患意识的强烈。

其实，事物存在着对立统一的两个方面，并且在一定的条件下互相转化。正如老子所说："祸兮福之所倚，福兮祸之所伏。"福祸相依，"塞翁失马，焉知祸福"，在人们感到安全、安定、安逸的时候，新的矛盾已经在潜在的角落暗暗地滋长，隐患已慢慢地形成。正如交通事故往往发生在平坦的大道上，由于驾驶者思想松懈，导致事故的发生。为此，人们在顺境之时，越要保持警觉，越不能骄傲自满、得意忘形、忘乎所以；在身处逆境之时，不要悲观失望、丧失自信，而要振奋精神，坚韧不拔，走出困境。

第三，《易经》强调事物的发展都经历了一个从量变到质变的过程，处事要适中、适度。《易经》认为进退、存亡、得失都是矛盾的对立面，它们之间是可以互相转化的。作为一个"圣人"只知道进、存、得是不够的，还要知道退、亡、失。该进则进，该退则退，存要想到亡，得要想到失，而且都要按自然法则和事物发展规律去办，这才算是"圣人"。"居安思危"告诫我们要防止走极端，防止偏激，防止过度，不要被胜利冲昏头脑，忘乎所以，以致做出"出格"的事来。

（三）"居安思危"的忧患精神内涵

那么，"居安思危"的忧患精神包含什么内容呢？大致有如下三个方面：

一是居安知危。在古代许多思想家看来，安中有危，危中有安，安、危是互相转化的。在一片太平之中潜伏着危机，而最危险之时也意味着最安全。正如庄子所说："安危相易，祸福相生。"上帝为我们关上一扇门的同时，又为我们打开了一扇窗。一方面，在顺境时，要戒骄戒躁，警惕潜伏着的"危险"因素，正所谓"明枪易躲，暗箭难防"。一般来说，"枪打出头鸟"，一个人名气、财富太盛之时，容易成为众矢之的，容易引起他人的嫉妒和打击，为此，必须小心谨慎，防止别人设下的"陷阱"。另一方面，当身处逆境之时，也不必过于悲观，要相信"车到山前必有路""柳暗花明又一村"，面对走不通的路，不妨换另一条路走。总之就是要对安和危有一个客观的、辩证的看法，居安知危、识危，从而转危为安。

二是居安防危。不少古代思想家认为,大多灾难往往是从小的隐患开始的,所谓"千里之堤,溃于蚁穴""祸固多藏于隐微,而发于人之所忽者也"(司马相如《谏猎疏》)。必须防微杜渐,将灾祸消灭于未然之时。中医有"治未病"之说,"治未病"是最科学、最合算的治疗方法。居安思危,重在预防,有备无患,防患于未然。正如我们灭火,当火处于火苗的阶段,一勺水就可以灭掉;假如已经蔓延成大火了,那么付出的精力和损失的物资就更大了。我们知道瑞士是一个中立的国家,拥有的军队很少,但这个国家一直很太平,很多外国列强不敢侵犯它,原因在

《高士泛舟图》 张石园 画

于这个国家全民国防意识很强,他们每天都在准备打仗,一旦战争爆发,每个国民都是战士,每家每户的房子都有一个储藏室,储备了三个月的食物。居安防危,要求我们思考来自外部的风险和内部的不安定的因素,提前做好防范。

三是居安化危。事物的发展都有必然性和偶然性。正所谓"百密一疏"。"危"有两种:一种是不可抗拒的外部环境造成的,另一种是自身的疏忽造成的。当危机到来时,不能惊慌失措,要沉着应战,努力地化危为机,就是用意志、智慧和心态去化解,寻求化解的办法。

二、"居安思危"的忧患精神是战胜前进道路上险阻的法宝

中华民族历经内忧外患,但始终打不垮,实现了五千多年的薪火相传,得益于居安思危的忧患意识。这种精神是家国情怀,是担当勇气,是积极心态,是我们前进的力量,是克服险阻的法宝。

（一）"居安思危"的忧患精神是忧国忧民的国家情怀

在中华民族的奋进史上，有很多仁人志士都具有强烈的忧患意识，他们的这种忧患并不是整天考虑个人的利益得失，而是忧国家之忧、天下之忧。

圣人孔子有"忧"，他"忧"的是什么呢？他自己说："忧道不忧贫""德之不修，学之不讲，闻义不能徙，不善不能改，是吾忧也。"他担忧的不是物质生活的贫困，而是大道的实行。他忧患的是社会风气不好，人们不去修德讲学，改过迁善。

孟子强调"生于忧患，死于安乐"。孟子在《孟子·告子下》中，先列举了舜、傅说等六位人物的例子，说明"天将降大任于斯人也，必先苦其心志，劳其筋骨，饿其体肤，空乏其身，行拂乱其所为，所以动心忍性，曾益其所不能。""入则无法家拂士，出则无敌国外患者，国恒亡。然后知生于忧患而死于安乐也。"孟子认为经历艰难困苦，遭受过磨难、挫折的人，反而有柔韧性，忧患激励他们奋发有为，苦难成为人生的宝贵财富，使他们有了新的成就。一个国家，假如国内没有坚守法度的大臣和辅佐王的贤士，国外没有实力相当足以抗衡的国家，以及来自国外的祸患，这样的国家将会走向灭亡。无论是个人，还是国家、民族，忧患使之生存发展，安逸享乐使之萎靡死亡。我们常说：对手既是敌人，也是老师。在对手的打压下，往往会激起抗争、奋起的精神，反而有利于自己的成长、壮大。孟子还在《梁惠王篇》中说："忧民之忧者，民亦忧其忧。"君主以百姓的忧愁作为自己的忧愁，百姓也会以君主的忧愁作为自己的忧愁。这是将心比心，人心皆如此。

中国的不少士大夫在身处逆境之时，仍然忧国忧民。范仲淹被贬仍然没有失去"忧以天下"的情怀，他在《岳阳楼记》中写道："不以物喜，不以己悲。居庙堂之高，则忧其民；处江湖之远，则忧其君。是进亦忧，退亦忧，然则何时而乐耶？其必曰'先天下之忧而忧，后天下之乐而乐'乎！噫！微斯人，吾谁与归！"人无时没有忧乐，为什么而忧，为什么而乐，何时何处当忧，何时何处当乐？范仲淹自己被贬，此文即为他的朋友、被贬的藤子京而写，同病相怜，有感而发，既有"去国怀乡，忧谗畏讥，满目萧然，感极而悲"之忧，又有"心旷神怡，宠辱偕忘，把酒临风,其喜洋洋"之乐,反映了一种博大的情怀。

其实,这种忧国忧民之忧,是乐知天命,这个忧也包含着乐在其中。正如《易传·系辞》所说:"乐天知命,故不忧。"这就是说,既乐于按天理去做,又能掌握自己的命运,就没有什么可以忧愁的了。

(二)"居安思危"的忧患精神是克服懈怠、积极面对未来的坚强意志和担当

《易经·乾卦·爻辞》九三曰:"君子终日乾乾,夕惕若,厉,无咎。"意思是说,君子整天勤奋不休,晚上还警惕谨慎,有危险,但没有灾难。人在创业的初期,由忧患而引起的警惕性精神是集中的,处事是谨慎的,心理状况是认真的。但假如长期处于安逸、安宁的环境,就很容易产生懈怠的情绪,表现出散漫和精神分散,逐步长出惰性,这是人性所使然。"居安思危"可以警惕在安乐中隐藏着的隐患,变成勇于担当的精神。"明者远见于未萌,智者避危于无形。"没有看到危机就是最大的危机。毛泽东同志曾经说过:"许多事情是意料不到的,但是一定要想到,尤其是我们的高级负责干部要有这种精神准备,准备对付非常的困难,对付非常不利的情况,这些我们都要透彻地想好。"在太平盛世的情势下,居安思危要求我们一定要有底线思维,未雨绸缪,见微知著,防微杜渐,下好先手棋,打好主动仗,应对好各种风险和挑战。

有一句话说得非常好,一个人连危机意识都没有了,危机便会像决堤的河水一样席卷而来。市场竞争不同情和怜悯弱者,它不相信眼泪,要么逆水行舟,要么顺水淘汰。所以,在这个竞争激烈的社会里,更需要危机意识,危机意识会让人保持活力。

唐代宰相魏徵常常规劝唐太宗李世民要"居安思危,善始善终"。唐太宗以"居安思危,戒奢以俭"为执政理念,励精图治,从而造就了"贞观之治"的盛兴基业。

有一次唐太宗对身边的大臣们说:"治国就像治病一样,即使病好了,也应当修养护理,倘若马上就自我放纵,一旦旧病复发,就没有办法解救了。现在国家很幸运地得到和平安宁,四方的少数民族都服从,这真是自古以来所未有的,但是我一天比一天小心,只害怕这种情况不能维持久远,所以我很希望听到你们的进谏争辩啊!"魏徵回答说:"国内国外得

到治理安宁,臣不认为这是值得高兴的,臣只对陛下能够居安思危感到喜悦。"(《旧唐书·魏徵传》)

(三)"居安思危"的忧患精神是乐观向上的积极心理和动心忍性的智慧

《周易·系辞下传》说:"子曰:'危者,安其位者也;亡者,保其存者也;乱者,有其治者也。是故君子安而不忘危,存而不忘亡,治而不忘乱,是以身安而国家可保也。'《易》曰:其亡其亡,系于苞桑。"这里引用了"否卦"九五爻辞,说明心存戒惧、小心谨慎,时刻警惕灭亡,可以身安而保国。

心理学上有一个"应激的心理反射"。人处于一种紧张状况中,反而可以增强活力。挪威人喜欢吃沙丁鱼,尤其是活的,因此渔民总是千方百计地让沙丁鱼活着回到渔港。可是虽然经过许多努力,绝大部分的鱼还是在途中因窒息而死。后来船长在装满沙丁鱼的鱼槽里放入一条吃沙丁鱼的鲶鱼。鲶鱼进入鱼槽后便四处游动,而沙丁鱼见了鲶鱼十分紧张,四处躲避加速游动,这样沙丁鱼便活蹦乱跳地回到了渔港。可见,沙丁鱼是受了外界的刺激和压力才保持了生机和活力。

有一种"退休现象"反映了心态和精神状况对人

的生理机能的影响是巨大的。有的人退休以后,告别了忙碌的工作,精神完全放松下来,结果一下子苍老了。

《诗经》云:"如临深渊,如履薄冰。"未临而如临,未履而如履,这才是忧患意识。真正临深履薄了,需要的就不是忧患意识,而恰好是其对立面——临危不惧,乐以忘忧了。忧患的结果带来的是安乐。一旦安于所安,乐于所乐,真正的忧患就开始了,临近了。这就是忧患与安乐的辩证法和圆融的智慧。

三、弘扬"居安思危"的忧患精神,让基业常青,长治久安

经过40多年的改革开放,我国的经济、科技、军事、文化实力大大地增强,人民生活也有了较大的改善。40多年来,没有发生大的国际战争冲突,国内环境也比较安定,在这样的条件下,往往会使人陶醉以往的成就而固步自封。也许由于生活实在太安逸,以至于有人忘了身边"危险"的存在。在一些人看来,只有和平,没有战争;只有坦途,没有危险;只有大好未来,没有严峻挑战。于是,太多人沉迷于享受:

小朋友沉迷于游戏，年轻人追求奢侈品，中年人沉迷于权力与金钱，没有忧患意识，对未来没有想法和规划，浑浑噩噩，当一天和尚撞一天钟。其实我们所处的国际环境并不太平，特别是以美国为首的西方国家为了遏制中国的崛起，千方百计地对我国进行打压；40多年的发展告诉我们，随着改革进入深水区，面临的改革难题更加复杂和艰巨，如何促进区域的协调发展，解决各个社会群体的利益差距等问题也更加突出。在这样的条件下，居安思危显得更为迫切。

（一）增强底线思维，加强抵御风险的能力

今天，我们经济虽然经历了40多年的稳步增长，社会总体上稳定，但也潜伏着许多危机，如科技创新能力不足、地方政府负债过高、房地产存在着泡沫、生态环境的改善压力仍然很大、贫富差距较大等，这些都是不稳定的因素，也意味潜伏着危机。

对于我们个人来说，同样也存在着生命安全、经济安全和政治安全的问题，存在本领"恐慌"的问题等。比如出行，一旦不小心，会造成交通事故；又如身体健康问题，假如没有健康的生活方式、没有良好的心态，也会带来疾病；又如在工作中，如果考虑问题不周到，也会出现偏差和事故。可以说，危机无处不在，无时不在。当然，我们也不必忧心忡忡，惶惶不可终日，只要警惕、谨慎，防患于未然，排除危机的潜在因素，这些"危机"都是可以化解的。

人们在逆境中往往对存在的问题和困难会比较警觉，但处于顺境时，则往往会麻痹大意，放松警惕。

科学家做过这样一项实验：第一次把一只青蛙放到盛满开水的大锅里。这只青蛙一入水，便立刻感觉到水的热度，于是迅速挣扎，跳跃出水，虽受轻伤，却避免了被煮死的命运。

第二次，科学家把一只青蛙放到盛满凉水的大锅里，然后用小火慢慢加热。青蛙没有感到温度的慢慢升高，仍然在水中欢快地游动。随着水温逐渐增高，青蛙的游动逐渐缓慢。等到温度升得很高时，青蛙已变得非常虚弱，拼命挣扎，但无济于事，最后慢慢地被煮死了。

两只青蛙不同的命运告诉我们，舒适的环境容易使人忘乎所以、丧失斗志。任何个人乃至国家都应居安思危，增强危机意识，防患于未然，才能立于不败之地。一些人在工作中安于现状，没有危机感；惰性增强，缺乏紧迫感；盲目自大，失去警觉感；缺少艰苦奋斗的激情，对紧张的工作节奏叫苦叫累。殊不知，看不到差距是最大的差距，感受不到危机是最大的危机。贪图"温水"中的安逸更会让我们的视野变窄，眼界放低，思维放缓，对于外界层出不穷的新事物、日新月异的新变化反应迟钝，甚至视而不见。如果长此以往，最后就会像那只青蛙那样，被煮熟了仍然不知道。

古人云，"人无远虑，必有近忧""生于忧患，死于安乐"。明者见危于无形，智者视祸于未萌。心存危患，不是懦弱，而是未雨绸缪，审慎谋划，少错而积益以得大成。忧患者，必有先见之明，尽量避免亡羊补牢。人欢我忧，人醉我醒，人乱我稳，人进我让，这是忧患之义。"千里之堤，毁于蚁穴。"只有以小见大，见微知著，才能常胜不败。

一国如此，一个单位、一个企业、一个家庭，乃至一个人也是如此。看看我们的国歌："中华民族到了最危险的时候……我们万众一心冒着敌人的炮火前进！"这是强烈的忧患意识。即使是太平盛世，也要看到潜伏的危机。看看今天霸权国家对中国崛起的一波波绞杀、一轮轮制裁、一番番围追堵截、一次次赤裸裸的公开叫板，充分证明中华民族的伟大复兴是多么的艰巨、不易。改革开放40多年，我们富了，但我们真的强大到可以无所顾忌，强大到可以忘乎所以了吗？回答是否定的。

我们必须增强防范风险的意识，积极应对不可预测的危险因素。应对这种危险性，必须提前做好各种预案，做最坏的打算，从容应对，化解危机。古人总是积谷防饥，在风调雨顺的时候想到来年可能发生的灾害和歉收，储备充足的粮食。这是一种深谋远虑的智慧，可以帮助我们克服自身的惰性和侥幸心理，以积极的态度、周详的谋划迎接可能遭遇的困境。

俗话说："天有不测风云，人有旦夕祸福。"人生无常，世事无常。无常是人生的常态。有句谚语叫："六月出门带寒衣。"说的是天气的无常。人们也常说："晴带雨伞，饱带干粮。"说的是事态的无常。这些提醒人们，无论做什么事，都不能只顾眼前，而要考虑将来。处在舒适、安定的时候要想到可能不期而至的风险，并从最坏处着想，做好应急准备。

伊索寓言里面有这样一则故事：有一只野猪对着树干不停地磨獠牙，一只狐狸问："现在既没有猎人，也没有猎狗，为什么不躺下来休息享乐呢？"

野猪回答说："如果我现在不磨锋利牙齿，等到猎人和猎狗出现时，我就只能坐以待毙了。"

（二）下好先手棋，选择防患于未然的策略

古语说："凡事预则立，不预则废。""机遇偏爱有准备的人。"《易经·系辞上传》讲："危者，安其位者也；亡者，保其存者也；乱者，有其治者也。是故君子安而不忘危，存而不忘亡，治而不忘乱。是以身安而国家可保也。"《易经》讲到存亡治乱的关系，"存"的时候要想到可能"亡"的因素，"治"的时候要想到"乱"的因素，并做好防范，把这些不利的因素消灭在萌芽的状态，这就是预防。

中医认为"上医治未病"。预防在前，预防在先，其实是最合算的投入，产出也最大。俗话说："磨刀不误砍柴工""积谷防饥"。不能临急磨刀，临渴掘井，有备无患。"凡事预则立，不预则废"，没有准备的事情，很难在事情突然来的时候，做到很好地应对。谋事在人，成事在天，关键也要看一个人的准备。生活中有很多不能控制的客观因素，如果一开始没有想好后路，最后很有可能就会变得慌乱没有章法。这样，对于我们的人生也是一场灾难。而如果能做到防患于未然，那么问题就能迎刃而解。

"居安"要以"预防"作为根本。中医讲的"治未病"，也就是抓源头。现在医院越来越多，医疗技术也越来越先进，但患者也越来越多，可以说人满为患。其根本原因主要有三个方面：一是人们缺乏平和、理性的心态和情绪，人生病，首先是"心病"，心中存在怨恨、忧虑、恐惧等不良的心绪。正如《黄帝内经》所说的"百病皆于气"。一个人心定则气顺，气顺则血畅，气血顺畅则百病消。气血郁结，百病丛生。中医认为多嗔伤肝、多淫伤肾、多食伤脾胃、忧思伤脾、愤怒伤肝、劳忧伤心。很多重症或绝症，都有一个共同的原因：就是怨恨。假如怨恨消除了，病症会减轻甚至重获健康。因此，治病首先要消除怨恨嗔恚之心，改变心志，使心绪平和、安定。二是不良的生活方式。很多疾病都是由不健康的生活方式引起的。比如暴饮暴食、起居不规律、饮食结构不合理、劳逸失度等。一个人生病，首先要检讨自己的生活方式是否科学、健康，否则，再好的药品也无济于事。三是对公共卫生和预防医学重视不够。许多疾病，特别是病毒，可以通过研制疫苗给予防治。可惜，"预防为主"的方略没有上升到"健康中国"的战略高度去认识，国家在这方面的科研投入和科技攻关还远远不够。因此，要确立防重于治的治未病思想。《黄帝内经》中就提出"不治已病，治未病"的观点，告诉我们从生命开始就要注意保健防衰和防病于未然。《淮南子》说："良医者，常治无病之病，故无病；圣人者，常治无患之患，故无患也。"金元时期朱震亨亦说："与其治疗于有病之后，不如摄养于先病之前。"人不可能长生不老，也不可能"返老还童"，但防止未老先衰、延长生命是可以办到的。这种预防为主的医学思想告诉人们必须注意调养，在生命的转折关头，尤应注意调养，如能持之以恒，即可防衰抗老，预防衰老疾病的发生。这种预防抗衰思想与中国文化中的忧患意识一脉相承。

"居安"要从"早处"着眼。这是立足于早，着眼于长远。比如"教育"就是关系国家、民族未来的事业，教育搞不好，人的素质不提高，这个民族必然没有竞争力。为此，教育是兴国之基。《礼记·学记》中讲到教育的四种方法，是有先见之明的。《学记》指出："大学之法，禁于未发之谓豫，当其可之谓时，不陵节而施之谓孙，相观而善之谓摩。此四者，教之所由兴也。"意思是说："大学的教育方法，在邪恶的念头未发生之前，就通过教育加以禁止，叫作预防；当学生可以接收教育的时期加以教导，叫作时宜；不超越学生的学习阶段而讲授，叫作循序；组织学生互相观察学习，叫作观摩。这四种方法，就是促使教育兴盛的原因。《学记》在这里讲到教育要抓早，越早越好。南北朝时颜之推在《颜氏家训》中提出了胎教，主张从母亲怀孕时开始进行教育。目前，我们对早教还未引起足够的重视，0～3岁是孩子身体、认知、情绪成长的关键期，我们在这方面的教育还有缺失。同时，教育注重从小培养良好的品性。正如幼苗一样，从小根正苗红，就能茁壮成长。假如从小养成不良的习惯，长大要矫正就很困难了，要花十倍、百倍的努力。

（三）养成慎终如始的心志，始终保持昂扬向上的精神状态

《易经·乾卦·爻》九三曰："君子终日乾乾，夕惕若，厉，无咎。""夕惕"，夕，指晚上；惕，为警惕、忧惧。"终日乾乾"指自强不息。"夕惕"，指白天或夜晚都不可懈怠，必须保持警惕、忧惧之心，也就是说要如履薄冰，小心翼翼。只有这样做，才能"厉，无咎"，虽有危险，但可免除咎害。

汉字的"慎"字，从心、从真。"真""心"相合，意为一心一意认真对待。如"先帝知臣谨慎，故临崩寄臣以大事"。本义为小心在意，如审慎、慎察、慎言、慎行。

《说文·心部》曰："慎，谨也。从心，真声。" 宋代吕本中撰写的《官箴》一书中道："当官之法，唯有三事：曰清，曰慎，曰勤。知此三者，可以保禄位，可以远耻辱，可以得上之知，可以得下之援。"意思是说，为官的法则，只有三条，即清正、谨慎、勤勉。为官者明白了这三项法则，就可以保住禄位，远离耻辱，得到上司的赏识，还可以得到下属的拥戴。此后，"清、慎、勤"就被后人称为从政的

第一箴言。康熙更将"清、慎、勤"三字刻石,以此为鉴,约束自己与朝廷百官的言行。其中的"慎",便指谦虚谨慎,做到慎言、慎初、慎微、慎终。

谨慎,要慎言,三思而后言。"慎",从真,意即"慎"是用心考虑过的真实的情况。俗话说:"慎言以养其德,节食以养其体。""修己以清心为要,涉世以慎言为先。"

《论语》中有对于为政的问答。子张向孔子请教求官位得俸禄的方法,孔子回答道:"多闻阙疑,慎言其余,则寡尤;多见阙殆,慎行其余,则寡悔。言寡尤,行寡悔,禄在其中矣。"意思是:要多听,有疑问的地方先不说,其余无疑问的也要谨慎地说出,这样就能减少过失;要多看,有疑问的地方先不做,其余的无疑问的也要谨慎去做,这样就能减少悔恨。说话少过失,做事少后悔,官职俸禄就在里边了。

言语上的不慎重,"轻则取其辱,重则丧其生"。敢于直言是可敬的,但是直言也要看对象、看环境、看时机,否则,吃亏的是自己。

那么,要如何做到慎言呢?曾国藩提出"立言有六禁:不本至诚,勿言;无益于世,勿言;损益相兼,勿言;后有流弊,勿言;往哲已言,勿袭言;非吾力所及,勿轻言"。这"立言六禁"放在今天的社会处事法则中,仍有许多值得借鉴和推崇的地方。

慎言并不是拘谨,更不是胆小怕事,而是少说多听,从别人身上学习他人的经验,让自己在实践中少犯错误,少走弯路。人们常说"言多语失""祸从口出",古时也有"一言不慎身败名裂,一语不慎全军覆没"的警世箴言,所有这些都是告诉人们"言必适时、言必适性、言必适度",说话要看场合、看时机、看对象,把握好分寸,否则宁可不说。聪明的人,口中说的心里一定要想,心想的口中不一定要说。

谨慎要慎初,走好第一步。"慎"从心,意即做事之前要用心衡量。慎初,即把握第一关、第一次,将许多不应该发生的事情,截止在萌芽之初。古语有云:"一失足成千古恨""一念之欲不能制,而祸流于滔天"。而所有祸事发生的节点,往往都是那不曾被在意的"第一步"。第一步是善行,是良好的开端,而一旦迈出恶的一步,则有可能走向恶的深渊。有一便有二,一而再再而三,当自我约束第一次遭到破坏,往后便如河溪入海,浩浩之势再无法阻止。因而不迈出第一步，便能截止往后千千万万步，慎始慎初，从源头上杜绝危害发生的可能，明理智、心有慎，永远不给自己创造发生错误的机会。

明朝张翰的《松窗梦语》里面记载着一个很有哲理的故事：张翰刚当上御史的时候，就去拜访都台长官王廷相。王廷相为了鼓励张翰当好官做好人，给他讲了自己乘轿的故事。王廷相说，有一次他乘轿进城处理公务，半路上下起了雨，有个轿夫穿了一双新鞋。开始时，这个轿夫小心翼翼地循着干净无水的地方走，可是后来一不小心踩进了泥水坑。再往前走的时候，这位轿夫就再也不顾及自己的新鞋了，随便往泥水坑里踩。王廷相感叹地对张翰说："做官、做人、做事的道理，和这位轿夫的新鞋不小心踩进泥水坑里是一样的啊！只要人一不小心犯了错，那你以后就再也不会有所顾忌了。因此，常常约束自己的行为，是一个人要经常修炼的功课。"张翰听了，深受感动。

这个故事很清楚地说明了一种规律：如何使一双鞋由新变旧，让一个人从警醒到放弃——只需要踏错第一步即可。故事告诉人们要在思想上时刻保持警惕，避免第一步错，继而步步错，导致后来的破罐子破摔，最终酿成无法挽回的结局。

靡不有初，鲜克有终，人生贵善始。从某种意义上讲，"第一次"既是"缺口"，也是"关口"，第一道"防线"被突破了，往往会"兵败如山倒"；第一道"闸门"一旦打开，欲望的"洪水"就会一泻千里。由轿夫从"择地而行"到"不复顾惜"的变化，启示为人要慎始慎初，走好第一步，把好第一关。

谨慎要慎微，细节见品质。"慎"从心，这个心是细心、小心，即注重细微事端，是重小处、重微末。与慎言同样，"慎微"自古便是圣贤者推崇的修身养性、为人处世的重要箴言。老子说："天下难事，必作于易；天下大事，必作于细。"在一定条件下，细节往往决定成败，图大者，当谨于微。见微知著，最隐蔽的东西往往体现一个人的品质，最微小的东西最能看透一个人的灵魂。其中，更有"小事当慎，小节当拘"的深刻训诫。

《韩非子》有云："千丈之堤，以蝼蚁之穴溃；百尺之室，以突隙之烟焚。"三国时的应璩的《杂诗》也说："细微可不慎，堤溃自蚁穴。"白蚁蛀洞虽小,但由量变到质变,从寥寥星火到燎原之灾,不得不引以为戒。管理学上讲"魔鬼藏在细节里",生活中,一个违规动作足以酿成一场交通事故,一个不合格零部件足以毁掉一架航天飞机,一瓶酒一条烟就有可能把一名优秀的干部拉入腐败的污流。细枝末节上的大意,往往正是败事之端。相反,只有在细节上"不舍尺寸之功,成功才不会失之于空"。"不矜细

《蝼蚁令堤溃》　丘玮　画

行，终累大德",专注于把每一件简单的小事做好，把每一日的小事做好，日积月累就是真正的成功。细节决定成败，小处决定命运，谨小慎微在任何工作中都不可或缺。

"慎微"的把握，对每一个人的言行表现都尤为重要，尤其是官员，需得从小事小节上加强自身修养，从一点一滴中完善自我，阐明是非，修身养性，将腐败的苗头止于清廉正气，保持刚直本色。

谨慎要慎终，恒心贯始终。慎，从心，这颗心是恒心。许多人一开始是谨慎的，不敢放纵自己，但要做到慎终如始，往往有点困难。老子在《道德经》中讲："慎终如始，则无败事。"老子在这里强调，"行万里者半九十"，如果能始终如一，持之以恒，到最后还像开始的时候那么严格要求自己，那么他的一生就很平安，没有败事可言。但随着个人的能力增强，欲望的膨胀，往往会大意，放松警觉，为此，在人生的最后阶段会"摔跤"，人们称之为"五十九岁"现象，这是非常可惜的。

俗话说，"行百里者半九十"，比喻一百里路，走了九十里才算是走了一半。虽然"九十里"离

"一百里"只差"十里",但这"十里"处于越接近成功越困难的关键时刻,必须拿出走另一半"五十里"的决心和努力来走完剩下的"十里路",否则就会功亏一篑。

为此,行百里者,勿忘永葆初心。何为初心?初心乃人们基于内心对美好事物追求而产生的动机,是人之出发的原始动力。

老子《道德经》第六十四章"民之从事,常于几成而败之。慎终如始,则无败事",意思为平常人做事,往往在即将成功的时候失败。从始至终毫不懈怠,就不会有衰败之事。

孔子的弟子曾参说:"慎终追远,民德归厚矣。"其中的"慎终追远"和老子所说的"慎终如始"实际上是一致的。"慎终如始"反映了老子对事物整个发展过程的严谨态度,无论是始还是终都应小心谨慎。

宋代黄庭坚的《赠元发弟放言》:"功亏一篑,未成丘山。凿井九阶,不次水泽。行百里者半九十,小狐汔济濡其尾。故曰时乎,时不再来。终终始始,是谓君子。"作为君子要善始善终,正如《华严经》

所说："不忘初心，方得始终。"让我们少一点盲目，多一些调查；少一些骄傲，多一点低调；少一些庆祝，多一些总结；少一些夸耀，多一些思考。我们做任何工作、办任何事，只要慎始如终，脚踏实地，一步一个脚印，再难的事也能办好，再远的路也能到达。我们有一千条理由相信：持之以恒，终有所成；慎始如终，终会成功。

（四）增强处进知退的意识，学会功成身退的保全智慧

《易经》"乾"卦文言曰："'亢'之为言也，知进而不知退，知存而不知亡，知得而不知丧。其唯圣人乎？知进退存亡，而不失其正者，其唯圣人乎！"

这一段是对乾卦上九爻辞"亢龙有悔"的进一步解读。所谓"亢"，意思是只知道前进而不知道后退，只知道生存而不知道灭亡，只知道获得而不知道丧失，难道这是圣人吗？知道进退、存亡的道理，而其行为又不违背正道的，这才是圣人啊！

进退、存亡、得失都是矛盾的对立面，它们之间是可以互相转化的。进是一种勇敢，退则是一种智慧。在人生的道路上，往往进会容易一些，而退则有些困难。退，意味着放弃一些东西，是做"减法"，这是一个艰难的选择。只有一个有自知之明的人、一个明智的人、一个超脱的人，才能"急流勇退"。对于大多数人来说，进取容易退让难。有些人居功自傲，贪恋权位，陶醉于鲜花和掌声，却不知道年老体衰，智力下降，功力退化，不及时让贤，奖掖后进，其结果往往不能善终。"退"其实是一个人的明智选择，体现了一个人的思想境界和宽阔胸怀，并非是消极的人生态度。因为一方面的"退"，其实是另一方面的"进"，如退隐官场选择从文，这是艺术人生的"进"。因此，聪明的人都懂得进退之道。

《亦有所思》 范曾 画

第六讲 "革故鼎新"的创新精神

《易经》是一部讲述宇宙万事万物不断变化发展的经典，《易经》所揭示的道理，即是宇宙、天地、人生、事物的变化真理。《易经》有三大原则：不易、变易、简易。其中变易是《易经》的思想灵魂和精髓。"不易"对应于"经"，"变易"对应于"权"，"简易"对应于"法"，只有坚守不易之道，善于通权达变，才能与时偕行，保持中道，这是恪守原则，又高度灵活，为此，"变"就是"革故鼎新"，就是创新，这是中华民族大风骨、大器重的文化基因，也是创新的思想来源。

《易经》认为，阴阳之理，极则必变，阳极而阴变，阴极而阳生，这是天地之变化规律和真理。《易经》正是通过六十四卦的不断演变来喻示宇宙的运动变化发展的。而在《易经》的六十四卦之中，"革"

卦深刻地阐述了《易经》的变易法则和思想内涵。

《周易》强调天地处于永恒的周流变动之中。《易传·系辞上传》说："富有之谓大业，日新之谓盛德。"即富有无缺就称为伟大功业，日日更新就称为德的极盛。《易传·系辞下传》还说："《易》之为书也不可远，为道也屡迁，变动不居，周流六虚；上下无常，刚柔相易，不可为典要，唯变所适。"认为新事物的产生、旧事物的灭亡是天地的盛德大业，主张"日新""生生不息"。

下面，以"革"卦为主要内容，阐述"革故鼎新"的创新精神。

《易经》关于"革故鼎新"的精神是中国创新精神的源头，之后的许多思想家又加以发扬。

一、"革故鼎新"的创新精神是"顺天应人"之大德

"革故鼎新"一词出自《易传·杂卦传》："革，去故也；鼎，取新也。"东汉魏伯阳《周易参同契》云："御政之首，鼎新革故。"革故鼎新，

旧时指朝政变革，现泛指除旧布新。

《易传·系辞下传》曰："天地之道，贞观者也；日月之道，贞明者也；天下之动，贞夫一者也。"意思是说天地的自然规律，以它自身的运行轨迹昭示于人；日月的运行规律，是以正道焕发光明；天下万物的运动变化，都是按一个正道的规律运行的。世界上万事万物时刻处于变动之中，这个变是遵循自身的规律进行的。为此，《易传·系辞下传》说："《易》穷则变，变则通，通则久。"《易》的道理是到了极点就会发生变化，变化后就畅通了，畅通了就会长久。"明者因时而变，知者随事而制。"只有敢于冲破旧的制约和束缚，勇于走前人没有走过的路，才能焕发生机和活力。为此，《易经》深刻地阐述了"革故鼎新"的动力、内涵和意义。

（一）"革故鼎新"的创新精神来自于《易经》的"革"卦

《易经》的"革"卦，卦名"革"，象形字。金文字形的"革"为 𠁁，中间的圆形物，是被剥下的兽身皮，余下的部分是兽的头、身和尾。《说文·革部》中说："革，兽皮治去其毛。""革"字的本义即去毛的兽皮。"革"字引申为表示变革、更改、革新等。《玉篇》说："革，改也。"除去旧的章法、遵从新的制度称为"革旧从新"。孔颖达《周易正义》云："革者改变之名也，革之为义，变动者也。"

"革"卦的卦画是☲☱，上卦为兑，下卦为离，兑为泽，离为火。泽中有火，火盛水蒸、水盛火灭，水火不容，象征两性相克，变革在其中。革卦寓意二性相违必困，困必革故鼎新。

卦辞曰："巳日乃孚，元亨，利贞。悔亡。""巳"为十二地之一，"巳日"即阳气上升之日，以喻待我强大之时。"乃孚"为诚信，指时机成熟，进行变革，没有悔恨。

《易传·象辞》曰："泽中有火，革。君子以治历明时。"内蒸外焴，水涸草枯，如同水泽之中，大火燃烧，这是"革"卦的卦象。君子观此卦象，了解到泽水涨落、草木枯荣的周期变化，从而力行改革，修治历法，明确时令。

《易传·彖辞》曰："革，水火相息，二女同居，其志不相得，曰革。'巳日乃孚'，革而信之。

文明以说,大亨必正。革而当,其悔乃亡。天地革而四时成,汤武革命,顺乎天而应乎人。革之时大矣哉。"

《易经·象辞》说:"革"卦上兑下离,水火不相容,互相克制,而且,兑为长女,离为中女,两个女人同住在一个屋内,志趣不同,这就需要变革。"巳日"得到信任,是因为变革得到了天下人的信从。既能施行文明政教,民众自然喜悦拥戴。伟大、完美的事物必然是刚正的。除旧布新,改革得当,隐伏的灾祸就会消除。天地变革时令而成四季之气候。商汤和周武王的革命,是符合天意又顺应民心的义举。

(二)"革故鼎新"的基本内涵

"革"卦阐释了变革的内容、原则和方略。事物盛极而衰,就必须采取变革的行动,革除旧弊,除旧布新,建立新的纲纪秩序。变革的总体要求是"顺天应人","顺天"是顺应事物的发展规律,"应人"是符合人民群众的意志,才能得到百姓的信任和支持。"革故鼎新"的创新精神主要有如下几个方面:

一是要把握好"时",爻辞六,"巳日乃革之,征吉,无咎。"变革要等待时机,条件成熟时再动手,即也要讲"天时、地利、人和",不能贸然行事,草率进行,急躁冒进。

二是要团结一切可以团结的力量,得到大家的信任和支持。"初九,巩用黄牛之革。"即坚固得像用黄牛皮制成的革捆起来那样。这是说上下精诚合作,步调一致。

三是要讲诚信。"九四,悔亡,有孚改命,吉。"指变革的动机纯正,坚持诚信,符合"天道"和"人道",进行变革必然吉祥。

四是变革者必须有胆识和魄力。"九五,大人虎变,未占有孚。"即是说,有德的君子像老虎那样威猛地实现变革,不用占卜就知道他心中充满了诚信。"上六,君子豹变,小人革面。征凶,居贞吉。"君子像豹一样进行变革,小人的思想面貌也有了改变。但也要把握好一个"度",防止"过头",否则有危险。这就是讲改革既要果断,"虎变""豹变",是以迅雷不及掩耳之势一举扫除陈规陋习,但又要稳妥,防止走极端,要循序渐进。

《大学》传承了《易经》的这一思想,指出"苟日新,日日新,又日新。是故君子无所不用其极"的主张，意思是说，如果一天能够更新，那么就要天天更新，并且永远保持更新。因此，君子应使用一切方法追求革新。

到了北宋，儒家学者们对"日新"做了新一步的阐述。张载说："日新者，久而无穷。"意思是说能够日日更新的事物，就能长期存在，无穷无尽。王安石说："天变不足畏，祖宗不足法，人言不足恤。"王夫之说："天地之化日新。"

近代资产阶级改良派从《易经》中寻找社会变革的理论依据，倡导进化变易思想，主张改良和变革。清末的改良主义者康有为在《论语注》中说："德贵日新。"梁启超在《少年中国说》中提出："惟进取也，故日新。"革命先行者孙中山在香港接受美籍牧师洗礼时即署名"日新"。"日新"精神成为他的座右铭，也成为知识分子变革社会的思想共识和实践动力。

（三）"革故鼎新"的创新精神是"顺天应人"之举

回顾中国历史的发展，每当社会出现危机，发展受到阻碍时，总有才智之士挺身而出，提出创新之举，用"创新"这一巨手，战胜困难，走向胜利。

《易传·系辞上传》曰："广大配天地，变通配四时，阴阳之义配日月，易简之善配至德。"

意思是说：《易》的广大可以与天地相匹配，它的变化如四时转换那样有序，阴阳转化像日月更迭那样有规律，它那简约平易的道理可与至高无上的美德相匹配。变通是宇宙自然的客观规律，宇宙万象，浩渺无边，瞬息万变，为此，变易思想正是说明宇宙人事的现象时刻在变幻和发展。世间之事，没有不变的物质，没有不变的思想，事物永恒地在运动变化中发展。

《易传·系辞上传》曰："圣人有以见天下之动，而观其会通，以行其典礼，系辞焉！以断其吉凶，是故谓之爻。极天下之赜者存乎卦，鼓天下之动者存乎辞，化而裁之存乎变，推而行之存乎通，神而明之存乎其人。"

《易经》在这里对什么是爻、什么是卦、什么是辞、什么是变、什么是道做了解释，指出圣人发现天下事物都在运动不息，观察其会合变通的道理，而制成了法典和礼仪，并在每一个卦的爻下，写下了以断吉凶，所以称之为"爻辞"。穷极天下纷纭杂乱的事物表现在卦中，将天下鼓动变化的道理写在爻辞中，将变化和制约的道理体现在变动中，运动不止，生生不息表示事物的通畅，能够使用《易》这样神奇而显明的道理昭示于人。《易经》指出了客观事物总处在发展变化之中。

《易经·革卦》说："天地革而四时成，汤武革命，顺乎天而应乎人。"荀子解释说："汤，武非取天下也，修其道，行其义，兴天下之同利，除天下之同害，而天下归之也。桀、纣非去天下也，反禹、汤之德，乱礼义之分，禽兽之行，积其凶，全其恶，而天下去之也。"（《荀子·正论》）变革和创新是顺应时世之举，符合事物的发展规律，符合天道人心，这是一个国家、个人不断走向文明、进步、发展的力量源泉。

二、"革故鼎新"的创新精神是中华文明活力之源

"革故鼎新"的创新精神是中华文明永葆生命力的一个重要因子，是国家强盛、社会进步的强大动

力,也是一个人人格不断地得到完善的重要途径。

2013年5月4日上午,习近平总书记在同各界优秀青年代表座谈时,勉励青年人要勇于创新,指出"创新是民族进步的灵魂,是一个国家兴旺发达的不竭源泉,也是中华民族最深沉的民族禀赋,正所谓'苟日新,日日新,又日新'。生活从不眷顾因循守旧、满足现状者,从不等待不思进取、坐享其成者,而是将更多机遇留给善于和勇于创新的人们。青年是社会上最富活力、最具创造性的群体,理应走在创新创造前列。"习近平总书记对创新精神给予了高度的评价,对青年人提出了创新、创造、创业的期望,具有重大的现实意义。

那么,"革故鼎新"的创新精神有何现实价值呢?主要有如下的几个方面:

(一)"革故鼎新"的创新精神是推动国家富强的强大力量

《易经》认为"革故鼎新"是社会发展的必然规律,事物的发展是新旧交替的过程。《易经》在这里讲的"顺乎天",就是顺应了历史的发展规律和潮流,趋利去害,扬善去恶,唯一的途径就是"革故鼎新"。

《诗经·大雅·文王》曰:"文王在上,于昭于天,周虽旧邦,其命维新。"

这是《诗经》赞美周文王的话,意思是说:伟大的周文王,您的神灵升上天,在天上光明显耀。周虽是古老的邦国,但上天赋予了它新的使命。周朝的兴起,源于周文王不为"旧邦"所限制,而是以"革命维新"的精神不断地改革,激发了社会的创新活力。

《易传·系辞下传》还曰:"《易》穷则变,变则通,通则久,是以'自天祐之,吉无不利'。"

"不日新者必日退",一个国家只有顺应时代和世界发展的时势,不断地解放思想,不断地破除陈腐的束缚,才能有新的发展活力。那些故步自封、抱残守缺的国家则会日益衰弱,甚至沦落到仰人鼻息的地步。近代中国的落伍正是由于清政府以"天朝"自居,不思变革,而陷入处处挨打的局面。为此,一批有识之士,奋起呼吁,主张以新学代替旧学,以新政代替旧政,以新文化取代旧文化,以维新改变旧体制,走上了救亡图存的道路。改革开放40多年的实践证明,改革创新是中国强国之路,今后,我们中华民族的伟大复兴,仍然要靠改革创新、与时俱进的发展观念,从而使国家充满生机和活力。

以科技创新为例,科技已经成为可叠加式进步的强大动力。当代科技的创新突飞猛进。2017年,全世界专利申请的数量超过了800万件。高新科技更是让人眼花缭乱,如人工智能、基因工程、虚拟现实、大数据医疗、区块链等。在工业革命之前,全球人均GDP都没有发生本质的变化,但工业革命以后,人均GDP就突飞猛进。在欧洲,200年增加了50倍;在中国,短短的40年就增加了10倍。可见,科学技术成为生产力发展的第一杠杆。哪个国家在科技创新上投入多,走在时代的前列,哪个国家就能占有领先的地位,就能引领世界的潮流。

(二)"革故鼎新"的创新精神是推动中华文明向前发展的动力

中华文明传承数千年,经久不衰,始终充满蓬勃的生机,并且成为世界文明史上从未间断的人类文明,这完全得益于中华文化中所具有的包容会通、开放兼容、自我更新的能力,得益于中华文化自身革故鼎新、吐故纳新的内在品质。从思想文化看,中华文化是一个开放的系统,博采众长,为我所用,不断焕发新的活力。如中国的禅学,把佛教中国化、大众化,吸收了儒家、道家的思想。《六祖坛经》说:"心平何劳持戒,行直何用修禅?恩则孝养父母,义则上下相怜。让则尊卑和睦,忍则众恶无喧。"在这里,惠能吸收了儒家的孝道、忠义、谦让的思想。从艺术样式看,中国艺术绚丽多彩,其原因在于不断地创新、发展,从诗经、楚辞、汉赋、唐诗、宋词、元曲到明清小说的演变发展,可以看到中华文化推陈出新的无限创造力。

今天,我们在文学、艺术等领域引入了新的科技,数字技术被广泛引进和使用,涌现了集视听于一体的融媒体,形成了新的文化创意产业,人类文明进入了一个新的发展阶段,将会有更多新的生产企业出现。

(三)"革故鼎新"的创新精神是推动人自我完善和能力提高的动力

《易经》要求我们要"日新其德"。《易经·系辞上传》说:"富有之谓大业,日新之谓盛德。"意思是说,广泛拥有才能称之为"大业",日新其德才能叫"盛德"。一个人要达到"盛德"的境界,必须

"革故鼎新",正如每天洗脸一样,清除脸上的"灰尘"。"日新其德"则是不断地自省、反省,"反求诸己",正如朱熹所说的"日省其身,有则改之,无则加勉"。不断地改进自己的不足,修正自己的缺点,这就是"革故";同时,又向他人学习,提升自己的境界,这就是"鼎新"。这样,就可以使自己的人格得到完善,所以,"革故"是大智,"鼎新"则是大勇。

韩愈在《师说》中说"圣人无常师""弟子不必不如师,师不必贤于弟子",要求虚心地向他人学习,要求后来者超过前人。然而,一个人假如没有"日新"的意识,就很难认识到自身的不足,还会为一点成功而沾沾自喜,骄傲自大。当今知识的更新很快,我们一天不学习,就有可能落伍。在高速发展的时代,我们必须以"日新"的精神充实自我、改造自我,改变自己的理念和知识结构,从而跟上新时代发展的步伐。

三、弘扬"革故鼎新"的创新精神关键在于超越自我和自我革命

"革故鼎新"的创新精神是中华文明永葆生命力的一个基因,是中华文明活力之源。它在推动国家向前发展、社会的文明进步和人们的思想境界提升方面发挥着重要的作用。今天,我们弘扬"革故鼎新"的创新精神要做到如下几个方面:

(一)"革故鼎新"要有除旧布新、兴利除弊的勇气

《易经·杂卦》中曰:"革,去故也。"变革,就是要坚决冲破一切阻碍发展的思想观念,要坚决改变一切束缚发展的条条框框,坚决革除一切影响发展的体制弊端。

事物要不断向前发展,就要经过改革创新。唯有不断创新,才能进步;唯有不断创新,方能焕发新的生命力和动力。故步自封、因循守旧是事业发展的大忌,面对与时代发展不适应的旧弊和旧规,要敢于革故鼎新,与时俱进,创新思维,锐意进取,躬行实践。

在中国历史的大舞台上,出现很多锐意改革、积

极进取的政治家。他们不固守成规,不因循守旧,敢于改革弊俗,改弦更张,创新思想,实施一系列的施政改革,为中华民族的大融合和历史进步做出了贡献。

战国时代的赵武灵王就是一位优秀的改革家和政治家。

战国初期,各国图强,纷纷进行改革,魏国的李悝、楚国的吴起、秦国的商鞅、韩国的申不害等先后倡导主持改革。面对诸国诸雄的变革强大,处于落后发展局面的赵国感到来自各方的威胁更大了,加之赵国地处列强包围之中,西有秦、东有齐、北有燕、南有魏,还有中山国深入腹地,这些国家对赵虎视眈眈。而且还有东胡、楼烦等少数民族在西北边,民族矛盾十分尖锐,冲突屡有发生,可谓危机四伏。在这种情势下,深谋远虑、雄才大略的赵武灵王决定通过改革来改变赵国的命运。于是,他提出了著名的"胡服骑射"改革。

"胡服骑射"改革之前的赵军,以步兵和车兵为主,官兵的衣服都是根据步战和车战的要求而做,基本上类似于平民的短打,打仗极不方便,在与胡人骑兵的交战中往往处于劣势。相反，胡人都是身穿短衣、长裤，作战骑在马上，动作灵活方便。因此，在实行"胡服骑射"前的18年中，赵屡败于齐、秦、魏等国，损兵折将，不得不忍辱割地，甚至林胡、楼烦也乘此机会连年向赵国发动军事掠夺，赵国几乎没有还击之力。

赵武灵王认识到：赵国被动挨打，并非赵国国弱民衰，而是在于军队装备不适于骑兵和车战的作战形式。他认为，要从根本上改变这种被动局面，必须学习诸胡的长处，改革服装。于是，他下达了改革服装的命令。从此，赵国人都穿起胡服来。接着，赵武灵王又号令军士学习骑马射箭，不到一年，就训练出一支强大的骑兵队伍。公元前305年，赵武灵王率兵打败了邻近的中山国，又收复了东朝和附近的几个部落。到了第七年，林胡、楼烦都被收服了。

由于赵武灵王敢于践行《易经》的"革"卦思想，努力改革旧俗，敢于匡正国事，使国家军事、经济实力渐渐变得强大稳固。于是，赵国从一个积贫积弱的诸侯国，迅速发展成为敢与其他诸侯国抗衡争锋、纵横天下的强国。而赵武灵王敢于改革创新的故事也一直激励着后人。

中国近代的落伍，原因可以说是多方面的，其根本的原因是闭关锁国，故步自封，不求变革。19世纪中期，美国进行了工业革命，开始进入机器大生产时代，那时的日本进行了"明治维新"，学习了西洋的科学技术，迅速地增强了国力。但清政府从上到下都不思改革，"戊戌变法"只维持了一百零八天，很快就宣告"流产"。那时的清政府还以"天朝"自居，拒绝世界先进的文化和科技，结果使中华民族丧失了二十年的发展时间，从此走向了衰落，饱受外国列强的欺凌，签订了一个个不平等条约。这说明变革之道，也是强国之道。

我国改革开放已经进行了40多年，但改革并无穷期。改革永远在路上，改革只有进行时而没有终点，改革的任务依然很艰巨。

"革故"在经济上要破除垄断，特别是事关国计民生的基础产业，要掌握在国家手里，这是事关国计民生的"命脉"产业，要防止"寡头"的政治垄断。

"革故"在政治上要破除特权，特别是要防止权力与资本的结合，形成腐败的现象。为此，关键是要在制度上铲除产生腐败的土壤。

"革故"关键在于要有自我革命的勇气,改革的每一项措施都会触及一部分人的利益,要坚持"效率优先,兼顾公平"的原则,勇于革自己的命,实现真正意义上的公平、平等和正义。

(二)"革故鼎新"要有胆识、远见、魄力和果断

凡是利国利民,有利于社会文明进步的改革,就要果敢地推进。"革"卦九五爻辞中便说:"大人虎变,未占有孚。"意思是说,变法的君王像虎那样威猛地进行变革,不用占卜就知道他心中充满自信、诚实。强调改革者需有阳刚之才、中正之德,更要有除旧布新、兴利除弊的胆识和勇气!

《孟子·滕文公下》中记载,战国时期的宋国大夫叫戴盈之。有一天,他向孟子请教,问道:"百姓们对我们现在的税收政策很不满意,我打算改正一下,免去关卡和市场上对商品的征税,实行十分抽一的税率。你看怎么样?"孟子表示赞同。戴盈之又说:"不过,根据目前的情况,今年是不能实行了,就先减轻一些,等到明年再废止现行的税制,你看怎

么样？"

孟子并没有直接回答戴盈之的话，而是向戴盈之讲了一个"偷鸡贼"的故事："现在有这么一个人，每天都要偷邻居家的一只鸡。有人劝告他说：'这不是正派人的作法。'他回答说：'那我就逐渐改吧，以后每个月偷一只鸡，等到明年，我再也不偷了。'"戴盈之听了，哈哈大笑。

孟子严肃地说："如果知道这样的行为是不对的，就应该马上改正，为什么还要等到明年呢？"戴盈之听了，非常惭愧。

明明知道现行的制度是错误的，却不愿意彻底改革，只是通过微调来遮掩错误、缓解问题。这说明缺乏变革的勇气和决心。这则故事生动幽默，虽看似荒唐可笑，实际上是人心写照。在改革过程中，改革者考虑到各种因素的利害，往往采用制衡、调和的方式，不敢一步到位，放慢改革步伐，这多少有一点"偷鸡贼"的心态。改革如果缺乏除旧布新、一改到底的勇气，改革必定是失败的！

（三）"革故鼎新"要以信为先，革而信之

"革"卦的爻辞中，屡屡谈到了"有孚"，如

九三爻"革言三就,有孚";九四爻"有孚改革,吉"等。孚者,信也,表示诚信、讲信用,也表示信心、公信力。改革必须以信为先,才能令人信服,变革之事才能顺利进行。只有让民众享受到了改革带来的成果,才能进一步认同改革,增强对改革的信心,从而推动改革的继续进行。"信"字是促进改革事业形成一种良性循环的重要条件。

公元前361年,秦国的新国君秦孝公即位。他下决心要使秦国强大起来,于是下了一道命令,说谁能使秦国强大,就任命谁做官。于是,商鞅就来到秦国。就和秦孝公谈论国家大事,一连谈了几天几夜。秦孝公非常赞同商鞅的主张。公元前356年,秦孝公任用商鞅,开始改革旧制度。

商鞅起草了一个改革的法令,但又怕老百姓不信他,他叫人在都城的南门竖起了一根很高的木头,并说,谁能把木头搬到北门,就赏谁十金。很多人都以为这是开玩笑。商鞅知道老百姓不相信他,就把赏金提高到五十金。人们站在木头旁边议论纷纷,终于有一个人把木头扛起来,一直扛到了北门。结果商鞅真的赏给那人五十金。这件事在秦国引起了轰动。商鞅说到做到，在老百姓中树立了威信。于是，当商鞅把新法令公布出去，老百姓都按法令执行。

商鞅变法的内容有废除井田制、提倡军功等，打击了秦国旧贵族的特权。因此，新法令刚刚开始推行，就遭到了旧贵族的强烈反对。太子的两个老师鼓动太子反对变法，商鞅说："法之不行自上犯之。"于是就处罚了太子的两位老师，一个割掉了鼻子，一个在脸上刺了字。此后，大家不敢再议论法令的是非了。

商鞅变法，立木取信，以信为先，首先在心理上征服了老百姓。他推行改革，政令如山，不因权势而左右，更是给予了人们信心，推动改革的前进步伐。经过商鞅变法，秦国的经济得到发展，军队战斗力加强，成为战国后期最强大的国家。

（四）"革故鼎新"的创新精神要求讲究科学的方法

《易经》不但提出了"革故鼎新"的内容，而且提出了"革故鼎新"的方法，阐述了"革新"的方法论。

1. 要把"革故"和"鼎新"作为不可分割的两个过程

《易传·杂卦传》:"革,去故也;鼎,取新也。"《易经》的"革"卦和"鼎"卦是联系在一起的,是不可分割的两个过程,体现了"破旧"与"立新"的关系,要坚持"破"字当头,"立"在其中。

"革故鼎新"是新事物与旧事物的更替,是新事物在旧事物的基础上变化和发展的结果。西汉扬雄在《太玄经·玄》中说:"因而循之,与道神之。革而化之,与时宜之。故因而能革,天道乃得;革而能因,天道乃驯。"他在这里指出了"革故"与"革新"的关系。

革故,彻底告别过去要有自我革命的勇气和担当。鼎新,允许和接受认知之外的新事物更需要勇气和魄力。

推动变革的领导者要站在时代的前列,高瞻远瞩,把控好变革方向、内容和步骤,要把"破"与"立"有机统一起来,在没有找到更优的方案之前,慎重地破除"旧"的。只有"革故"与"鼎新"同步地进行,才能稳步地推进变革。

2. 要坚持"守正"与"创新"的结合

"守正"不是墨守成规,不是教条主义,而是以发展社会生产力、促进人民群众的利益为前提,是以尊重客观规律为前提,在这个基础上,不断地变革,审时度势,推陈出新。"守正"和"创新"是统一的,一味固守陈规,不思变革,就会落伍,为时代所抛弃;而一味求变,事事盲动,就会动荡不止。"守正"讲的是恪守正道,守住根基,是遵循事物的发展规律。

守正,是坚持创新的正确方向,这有利于促进生产力的发展,有利于广大人民群众的根本利益,有利于社会的文明进步。《易经》中许多卦辞强调"正固""中正",守正,就是走在客观规律的大道之上,就是遵循社会公德良序,如教育、卫生体制的改革,假如把私有化、产业化作为"创新"的路径,必然违背了公益事业的特殊性,而误入歧途。科技的创新,同样也要"守正"。如"基因编辑",必须遵循人伦道德的规范,否则危害无穷。为此,"守正"是创新的方向和规矩,创新也不是乱来。

林则徐雕像

3. 要养成不断革新、超越自我的创造型人格

程颐说:"君子之学必日新,日新者日进也。"

有一则林则徐改诗说"创新"的故事:

清代的一天晚上,林则徐和女婿沈葆桢对月饮酒。这时候一弯新月升了上来,沈葆桢即席吟诗:"一钩足以明天下,何必清辉满十分。"林则徐听了,说道:"虽然已经不错,但还是有不足之处,改一字如何?改为'一钩足以明天下,何况清辉满十分。'"

林则徐把"必"字改为"况"字,一字之改,境界大不相同。沈葆桢满足于一弯新月,有不思进取的自满，而林则徐则看到一轮弯月必将变为满月，满月的光芒比新月还要明亮，有不断进取的境界。林则徐正是改动了一个字，以劝诫年轻的沈葆桢不要自满自得，要进取创新，这就是"日新之谓盛德"。

林则徐本人以救国爱民的情怀，力求改革开放，在清政府实行闭关锁国的政策条件下，组织翻译西方书报，研究西方的政治、经济、军事思想，并且购置了外国大炮，仿制了外国军舰，被历史学家称为"开眼看世界的第一人"。

中国精神作为国家精神、民族精神，是中华民族伟大复兴的强大精神动力，只有把这种精神铸造进我们的筋骨，融入血脉之中，我们才能战胜前进道路上的艰难险阻，传承伟业，开创未来，实现中华民族伟大复兴！

参考文献

[1] 高凡. 周易新解[M]. 北京：中央编译出版社，2014.

[2] 傅佩荣. 易经译解[M]. 北京：东方出版社，2012.

[3] 周振甫. 周易译注[M]. 北京：中华书局，2012.

[4] 闻章. 易经讲生活[M]. 北京：新世界出版社，2005.